Hacer el Amor con Amor

Hacia un Mejor Entendimiento en la Pareja

Leonnardo Andre, MD.

The Reading Glass Books
1-888-420-3050
www.readingglassbooks.com
production@readingglassbooks.com

Dedicado a mi esposa, quien me mostró que el contenido de este libro no es una utopía sino un logro alcanzable.

Table of Contents

I: Introduccion 1

II: ¿Cual es la Importancia que tiene el Sexo en la Pareja?........4

III: ¿Es Importante Tener Conocimientos acerca de la Sexualidad Humana? 7

IV: ¿Por Qué Es Importante Hacerlo?....................................9

V: "El Deseo se Apago" 13

VI: Trabajando Juntos en la Solución...............................29

VII: "Hoy no,… Tengo dolor de Cabeza"..............................34

VIII: La Falta De Deseo Sexual 38

IX: Más Allá de la Apariencia Externa y Superficial...............43

X: Componentes Esenciales para Establecer Una Buena Comunicación 46

XI: A Que Nos Referimos con "Hacer el Amor"?...................52

XII: Ingredientes Necesarios para un Mejor Entendimiento en la Pareja...56

XIII: Sugerencias y Comentarios.............................62

XIV: Anatomía y Fisiología Sexual 72

XV: Fantasias Sexuales...79

XVI: Descubriendo tu Cuerpo....................................83

XVII: Masturbación..85

XVIII: Sexo Oral..89

XIX: Posiciones Sexuales...100

XX: Juguetes Sexuales...102

XXI: Métodos Anticonceptivos.................................105

XXII: Enfermedades Venéreas 116

XXIII: Patologías Sexuales 118

XXIV: Sugerencias Sobre Lo Qué Puede Gustarle A Él O
         A Ella...125

XXV: Comentarios Finales..133

Sobre El Autor..137

Introduccion

El propósito de este libro es el de servir como instrumento de acercamiento, crecimiento y complementación para las parejas en la intimidad, mediante:

1. Identificar la información equivocada que la persona pudo haber recibido en su desarrollo, que la condicione a pensar que el sexo es "sucio", "prohibido", o malo. Y así, de esta manera, poder superar este concepto equivocado.

2. Descubrir el verdadero valor de la sexualidad en el ser humano.

3. Mejorar o desarrollar una comunicación efectiva en la pareja.

4. Abrir las puertas al conocimiento íntimo de la pareja.

5. Descubrirse en pareja, el uno al otro, en una entrega de emociones, sentimientos, y de su propio cuerpo.

6. Una invitación a deshacerse de las inhibiciones y liberar las cadenas de la represión sexual para entregarse plenamente, con amor, a su pareja.

7. Leer acerca de opiniones, tanto de ellos como de ellas, respecto a sus gustos, disgustos, antojos, experiencias y temores respecto a la sexualidad.

8.   Aprender aspectos importantes sobre la anatomía y fisiología del sexo, la salud sexual, métodos anticonceptivos y enfermedades sexuales.

9.   Hacer mención de cómo podría impactar, en la relación de la pareja, el uso de accesorios como por ejemplo "videos", "juguetes sexuales" para adultos, y otros.

Reitero:

"Hacer de este libro un instrumento de acercamiento, crecimiento y complementación para la pareja."

Instrumento que le ayude a dar el fuego, la fortaleza,
la pasión,
y la entrega de emociones,
sentimientos, y deseos hacia su pareja,
y así poder acercarse más a alcanzar esa
maravillosa experiencia que es el
"SEXO CON AMOR", que es el "HACER
EL AMOR CON AMOR."

*"Hacer el amor con amor
es sublime"*

II

¿Cual es la Importancia que tiene el Sexo en la Pareja?

Uno de los pilares que sostienen nuestra sociedad es la unidad de la familia, y por consiguiente, la estabilidad de la pareja.

Desafortunadamente, hoy en día más de un 50 % de los matrimonios acaban en divorcio. Una de las principales causas del divorcio es la falta de entendimiento y complementación en la intimidad de la pareja. La Infidelidad tiene como causa principal a la insatisfacción en la intimidad de la pareja. Master & Jonson en sus estudios sobre la Sexualidad llegaron a establecer que:

"SI EL CONTACTO SEXUAL EN LA
PAREJA ES INSATISFACTORIO
LA UNION DE AMOR SE ROMPE
Y LA PAREJA SE SEPARA, YA SEA
FISICA O EMOCIONALMENTE"

Aunque el "buen sexo" en la pareja no es la receta para la felicidad del matrimonio, es definitivamente muy importante.

El ser humano se relaciona con otros seres en diferentes formas: amigos, vecinos, compañeros, parientes, etc. En todas estas relaciones puede haber sentimientos positivos, inclusive el amor, pero lo que justamente hace que la "relación de pareja" sea diferente de todas las demás relaciones interpersonales es que, con la pareja, es con quien se comparte en la intimidad sexual.

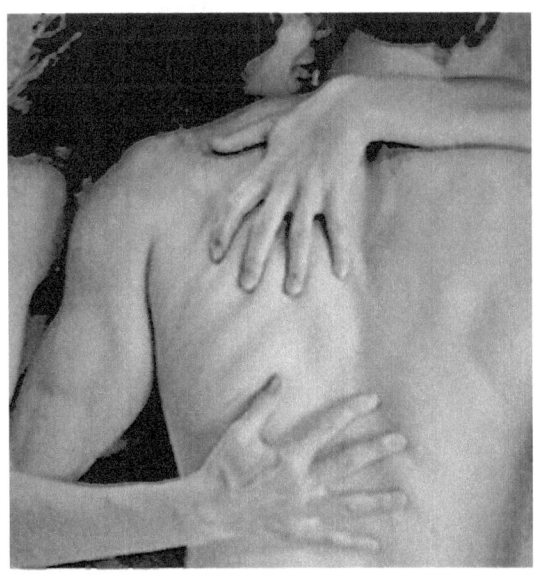

Se ha demostrado que la práctica de relaciones sexuales es un fuerte predictor de la satisfacción, afecto y simpatía en la relación.

Durante la actividad sexual el cuerpo produce oxitocina y esta hormona promueve la unión, reduce el estrés y aumenta la confianza en el matrimonio.

Cuando el matrimonio carece de este importante elemento íntimo (sexo), cada uno puede sentirse poco importante, subestimado y cohibido.

Entonces resulta obvio, y hasta por demás, decir que el sexo es definitivamente muy importante en la vida de la pareja.

Si usted ama a su pareja, si quiere preservar o fortalecer
la unión con el/ella; si para usted su compañera/o es
valiosa/o, proceda a darse el permiso a usted mismo
para poder disfrutar plenamente en la intimidad.

Tome un rol activo y muéstrele a su pareja que la/o ama. Disfruten juntos de la sexualidad, disfruten de ese gozo tan grande que es el de "hacer el amor con amor"

¿Es Importante Tener Conocimientos acerca de la Sexualidad Humana?

Algunas personas pueden pensar que hay algunas cosas que son mejor dejarlas en la obscuridad, en el misterio, en la ignorancia. Puede que así sea para otros temas, pero cuando se trata de la sexualidad humana, esto no parece ser una buena idea.

"La Organización Mundial de la Salud afirma que la ignorancia sobre la sexualidad humana es una de las causas más importantes de problemas sexuales."

La sexualidad (capacidad para las cosas sexuales) tiene una fuerza tan intensa para el ser humano que se cree que ocultar esta información, pretender que no existe o ignorarla, puede afectar negativamente tanto al individuo como a la relación.

Ignorar la sexualidad en la vida de una persona puede provocar angustia, miedos infundados, dolor, duda y muchos otros sentimientos negativos.

Abrazar y explorar la sexualidad puede aportar muchos aspectos positivos a la relación como: euforia, liberación total, relajación, tranquilidad, satisfacción y cercanía para la pareja. La información simple, veraz y clara sobre la intimidad sexual puede traer múltiples beneficios, que incluyen:

    a.   El desvanecimiento de la angustia hacia lo desconocido,
    b.   Mayor comprensión, armonía y felicidad para la pareja,
    c.   Mejor aceptación de ti mismo y de tu pareja,
    d.   El renacimiento de la sexualidad en la pareja,
    e.   Disminución de la tasa de divorcios.

Por tanto, debemos abordar este tema con naturalidad. Debemos entender que informarnos sobre el aspecto sexual de la relación es de suma importancia, tanto a nivel individual como de pareja.

¿Por Qué Es Importante Hacerlo?

Es posible que haya escuchado algo como esto antes:

"Mi esposa es una mujer decente, es la madre de mis hijos, mejor ni piense en hacer 'eso' con ella… se puede ofender, aun con solo mencionarlo."

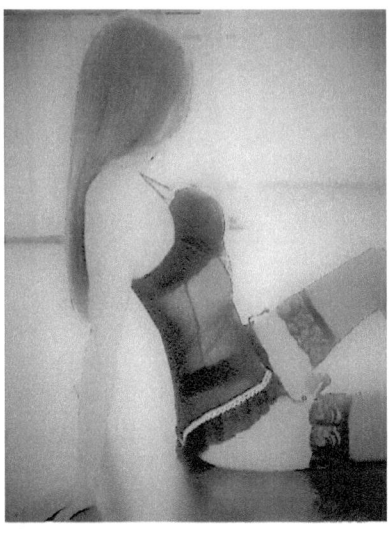

"Por otro lado, con Francine (un nombre imaginario), con ella sí puedo hacer todos esos antojos y delicias sexuales."

¿Por qué es este un concepto equivocado? ¿Por qué tantas veces las parejas piensan que el verdadero placer solo se obtiene fuera del matrimonio?

Al contrario, la forma en que debía ocurrir es que, con su cónyuge, que es su amigo/a, su pareja, su amante y su "cómplice"; precisamente esta es la persona es con quien debería procurar todos los placeres y delicias sexuales. Con tu cónyuge, ambos deben poner toda esa pasión y fuerza para disfrutar al máximo de la sexualidad.

Es hora de romper esta creencia errónea, démosle la bienvenida a los placeres que la vida ofrece y proceda a vivirlos plenamente con su amada pareja.

*"La calidad de su relación puede
determinar la calidad de su vida."*

Uno de los factores más importantes que contribuyen a la felicidad del ser humano es la favorable convivencia. Los lazos de conexiones que se establecen dan a la pareja una sensación de bienestar más que cualquier otra experiencia humana.

Por supuesto, no es tan fácil como parece, porque es posible que él o ella no compartan el mismo punto de vista.

Puede haber algunos desacuerdos, por ejemplo, podría suceder que, él o ella, se escandalice si su pareja sugiere hacer el amor de esta o de esta otra forma.

Uno de los motivos más comunes para el divorcio radica en esta idea errónea de que, si una persona quiere disfrutar del sexo, debe buscarlo fuera de la relación. Desafortunadamente, debido a diversos factores, muchas personas piensan así.

Permítanme recordarles que lo que diferencia la relación conyugal de otros tipos de relación humana es precisamente la presencia de intimidad sexual, confianza, compañerismo, respeto, aceptación, apoyo y amor.

Sería extraordinario que la pareja llegara a sentir lo siguiente:

"Juntos hacemos todas las travesuras y delicias
sexuales que nuestra imaginación puede concebir.
La pasamos de maravilla y nos sentimos
unidos, amigos amantes y cómplices.
Sentimos que nos damos

Leonnardo Andre, MD.

el uno al otro este hermoso regalo de la vida:
Nosotros mismos (yo a ti y tú a mi).
Ahora nos sentimos física, emocional y
espiritualmente más cerca que nunca."

"El Deseo se Apago"

Pete y Lucy, después de estar juntos durante aproximadamente un año y medio, se enamoraron y decidieron casarse. Solo después de tres años de vida matrimonial todo se volvió tan diferente, ¿qué pudo haber pasado?

La frecuencia de los contactos amorosos habían disminuido drásticamente a medida que pasaban los años. Ambos comenzaron a culparse el uno al otro.

Ahora pasan su tiempo haciendo de todo menos dedicando tiempo el uno para el otro. Ahora pasan mayormente preocupados por cómo mantener un nivel de ingresos económicos para llevar un estilo de vida de buena apariencia, pasan su tiempo en problemas con el cuidado de los niños y otras tareas cotidianas.

Las cosas cambiaron hasta el punto de que parece que solo cohabitan bajo el mismo techo. Para ellos, la relación sexual se convirtió en nada más que un deber u obligación tratando de encubrir la crisis y sus consecuencias.

Al comienzo de su relación, cuando se conocieron, solían hacer todo lo posible para conquistarse, para enamorarse. En el pasado, ambos dedicaban su tiempo y energía a cultivar los lazos de intimidad. Después de casarse, tomaron por sobrentendida la necesidad de seguir conquistándose el uno al otro, la necesidad de seguir dándose su atención amorosa.

Parece que se hubiera apoderado de esta pareja ese concepto erróneo y silencioso de sentir: *"Ya no tengo que esforzarme... Ya te tengo."*

Ella se queja de que él ya no se preocupa por ella, y que solo le muestra algo de atención para poder tener sexo.

Por otro lado, él se siente rechazado ya que ella no muestra interés en la intimidad. Ambos sufren y ambos se sienten víctimas. Ahora no hacen más que culparse el uno al otro.

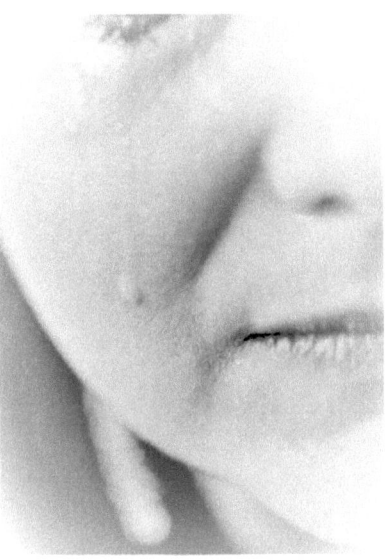

Mientras la sexualidad no sea validada, no reconocida, como una dimensión muy importante en la experiencia humana, las personas tendrán muchas limitaciones para comprender a sus parejas.

"La falta de creatividad, la falta de apoyo afectivo
emocional continuo y la falta de realización
en su vida sexual, probablemente llevarán
a la pareja a desarrollar una distancia cada
vez mayor a medida que pase el tiempo."

La falta de vida sexual íntima no se limita solo a la falta de proximidad física; va mucho más allá. Las parejas pueden discutir por cualquier motivo, pero luego, cuando hacen el amor, apaciguan los malos sentimientos, es una especie de renacimiento positivo, es como un ritual de perdonarse.

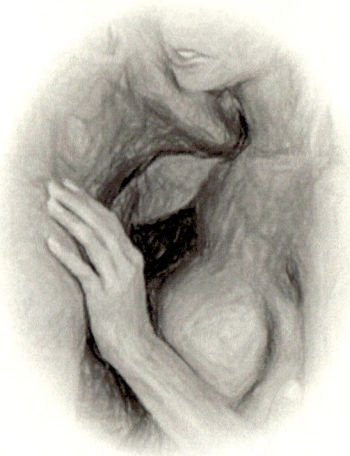

Volviendo a la pareja de nuestro ejemplo inicial:

Ella se queja de que él está enojado la mayor parte del tiempo. Su falta de paciencia y su mal humor eran como un veneno para su alma. Estar con él, dice ella, es como caminar entre vasos de cristal, cuidado de no hacer el movimiento equivocado.

El comenta que ella no hace más que "quejarse todo el día y de todo", y que siempre encuentra alguna falta en él. "Parece que siempre está buscando excusas para no tener intimidad conmigo", dice. Solía ser agradable y divertido pasar tiempo con ella.

Ambos han entrado en este torbellino negativo de culparse mutuamente.

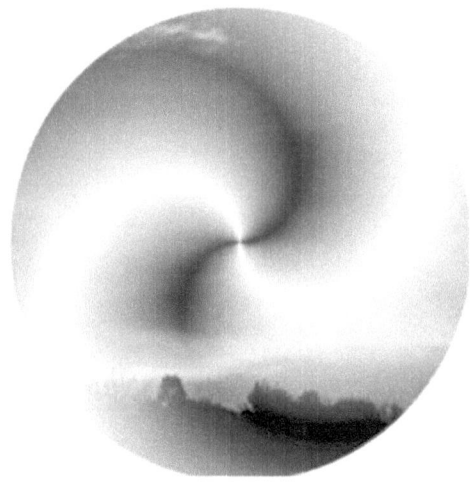

Al hacer esto, todo lo que consiguen es hundirse más en la desesperación y distanciarse más el uno del otro. Su concentración está más en tratar de demostrar que el otro está equivocado que en buscar soluciones.

Curiosamente, esta pareja todavía quería estar juntos. Cuando dio su versión de los hechos, el dijo: "Además de que es bueno para los niños, todavía espero que podamos redescubrir la magia que un día nos unió." "Ella era mi mejor amiga y solía amar su compañía", dijo.

Desafortunadamente, llegó un punto en el que todo empezó a cambiar y ahora estamos tan distanciados y heridos.

Por otro lado, ella dice que después del nacimiento de su primer hijo, se sintió agotada, sin poder dormir bien, ni una sola noche. A veces, se sentía tan cansada que lo último en su mente era tener que "atender" a otro sujeto más.

Con el paso del tiempo, las innumerables ocasiones de rechazo y desaprobación de ella hacia él, habían producido un dolor y una rabia cada vez mayor en su marido.

Como resultado, el progresivamente dejó de dedicar su tiempo y energía a la relación.

Esta pareja, con sus incesantes acusaciones, su falta de consideración mutua, su frialdad, su lenguaje corporal y su rechazo verbal se habían convertido en una pareja distanciada.

La fuerza de unión que puede dar la intimidad sexual ya no estaba presente.

Cuando en la relacion de pareja la necesidad de afecto y sexo es ignorada, no tomada con la debida importancia, menospreciada o inclusive ridiculizada, es cuestion de tiempo para que ocurra el distanciamiento, sea físico y/o emocional, de la pareja.

El sexo es sumamente importante para la relación de pareja. Cuando el sexo es bueno y satisfactorio para ambos, esto ofrece a las parejas la oportunidad de dar y recibir placer físico, además de conectarse emocional y espiritualmente.

El "sexo con amor" genera cercanía, intimidad y un sentimiento de compañerismo.

Esto define su relación como diferente de todas las demás relaciones humanas. En pocas palabras, "el sexo puede ser una fuerza poderosa que une."

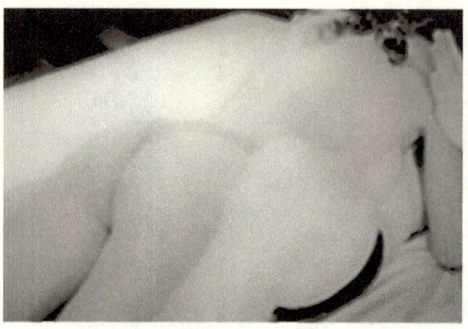

Nuestra pareja en cuestión lleva una vida paralela, bajo el mismo techo, en la misma cama, involucrados en actividades similares de proximidad física, pero sin ninguna conexión emocional o física.

Los sentimientos de ira afloran a la superficie, la amistad entre ellos se evapora, prevalece la incomprensión y el divorcio emocional se vuelve inevitable.

Para alguien como Pete, el sexo tiene una gran importancia. El "sexo con amor" es mucho más que un simple placer físico, es conexión, intimidad, cercanía y cariño. Para Pete se trata de sentirse atractivo, masculino y sentirse valorado como persona. Se trata de sentirse amado.

Como Lucy no parece tener mucho interés en la parte sexual de la relación, ya que no siente esa necesidad, no siente simpatía por lo que le pasa a su pareja y no hace nada al respecto.

Con el tiempo, estos sentimientos de rechazo se volverán más difíciles de manejar, la tristeza puede convertirse en ira.

Aquellos que buscan intimidad sexual y no la encuentran, se vuelven resentidos, enojados y distantes. Si bien este comportamiento es solo un síntoma de una persona herida, esto no es percibido como tal por la pareja y la simpatía y la compasión son escasas.

Las peleas sobre el tema del sexo, o la falta de él mismo, se han convertido en la norma, proliferan los desacuerdos y lo único que hacen es culparse el uno al otro. Ya nada parece estar bien.

¿Le suena familiar la historia descrita?

¿Se ha sentido rechazado o abrumado en una relación similar?

¿Siente que sus problemas físicos y emocionales no han sido atendidos o considerados?

¿Le duele la falta de interés en la intimidad por su pareja?

¿Se siente frustrado y triste con tanta pelea que nunca termina?

¿Está pensando en divorciarse o separarse?

¿Alguna vez se ha sentido desesperado y como si no hubiera luz al final del túnel?

¿Ha llegado al punto de darse por vencido?… Si ha respondido afirmativamente a alguna de estas preguntas, entonces sabe que su relación está en peligro.

La persona con menos interés en la intimidad sexual puede decir: "Pero, si no tengo interés en el sexo, ¿por qué debería ser este mi problema?", Por lo tanto, "¿por qué debo hacer algo al respecto?."

Aunque el sexo no es un "boleto seguro" a la felicidad en el matrimonio, es, definitivamente, un ingrediente particularmente importante. Si desea preservar su matrimonio y prefiere estar felizmente casado, es mejor que comience a prestar atención a este aspecto de su relación.

Debe saber que una vez que comience a prestar más atención al aspecto emocional y físico de la relación y comience nuevamente a tener relaciones sexuales amorosas con su pareja, él (o ella) se sentirá más feliz.

Estar rodeado de gente feliz, a diferencia de la gente amargada, es más llevadero. Cuando las personas son felices, tienden a ser más consideradas, más afectuosas, más positivas y más comunicativas. Esta es la naturaleza humana.

Cuando muestre interés en su pareja acerca de lo que le importa a él o ella, sucederá "magia" en la relación.

Al demostrarle a su pareja que el/ ella "le importa", que las cosas que son importantes para él o ella también lo son para usted, él o ella puede notarlo y, a su vez, estar más atento a sus necesidades.

Este cambio puede provocar el comienzo de la recuperación de la fuerza que tuvo la relación en el pasado.

Cuando se involucre más en la intimidad sexual con su cónyuge, incluso si inicialmente su deseo puede no estar totalmente en ello, puede llegar a descubrir que su apetito sexual no había desaparecido, sino que solo estaba dormido.

Es común ver que una persona que inicialmente no se sintió excitada sexualmente, luego de iniciarse las caricias y el afecto sexual puede sentirse estimulada y disfrutarla.

Muchos consejeros sexuales
recomiendan que ambos, en la pareja,
den los pasos adelante,
y asuman un rol activo,
incluso si inicialmente
el deseo no está presente.

Tomar un rol activo no solo significa desnudar a su pareja o verbalizar su deseo de irse a la cama. Puede haber formas sutiles de mostrar su interés, como para   la dama, inclinarse "casualmente" hacia adelante para mostrar sus bienes, vestirse provocativamente, frotar "casualmente" su hombría; o para él, que le lleve flores a ella, le diga lo bonita que se ve, verbalice lo agradecido que está por su cuidado, le envíe un mensaje de texto dulce durante el día, etc. También ayudaría no quedarse quieto durante la intimidad sexual.

Si no experimenta placer sexual, o si no alcanza un orgasmo, puede pensar que "tener relaciones sexuales" con su cónyuge, no tiene sentido, pero es importante comprender que los efectos de la intimidad sexual van mucho más allá del mero aspecto físico, puede abrir puertas al bienestar emocional para ambos.

Cuando una persona ama a su pareja, generalmente le hace feliz complacer a su cónyuge y hacerla sonreír.

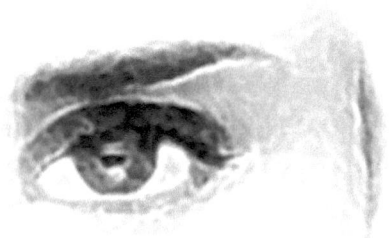

Devolver la pasión a tu relación no es una ciencia exacta, tienes que seguir con la filosofía de **"intentar y seguir intentándolo hasta que encuentres lo que te ayude."**

Aunque el concepto de intentar, incluso sin tener el deseo, suena poco romántico, la realidad es que cuando se agota la atracción física inicial, lo que inevitablemente ocurre con el tiempo, el deseo y la actividad sexual se convierte en una elección.

__Usted puede decidir tener una relación sexual vibrante, emocionante y satisfactoria como una de las prioridades más importantes de su vida matrimonial.__

Anímese a descubrir y redescubrir nuevas formas de mantener viva su energía sexual. Si desea "recuperar" su relación, debe hacer su parte deliberada y conscientemente para seguir reinventando lo que mantiene vibrante y satisfactoria su relación sexual con su pareja.

Esto no sucederá por sí solo; es posible que deba tomar un papel activo y hacer que suceda. Quizás Usted esté listo/a para llevar su relación de pareja por un camino más productivo y positivo. Quizás se pregunte si una vida que incluye satisfacción sexual está a su alcance. Bueno, la respuesta es SÍ, pero siempre y cuando usted esté dispuesto/a a poner su interés y dedicación en ello.

Ahora me dirijo al de la pareja que se sintió rechazado. El hecho de que su pareja no haya mostrado ningún interés en mejorar su vida sexual puede haberlo hecho sentir frustrado, devastado, herido, rechazado y abandonado.

Pero, por favor, no se apresure a acusar a su pareja. La responsabilidad de que las cosas no vayan bien es de los dos. Los problemas generalmente ocurren cuando surgen situaciones conflictivas combinadas con una forma improductiva en que las personas responden a estos. (Falta de comunicación efectiva).

Los sentimientos de dolor, que resultan de sentirse rechazado, a menudo conducirán a un comportamiento defensivo, y esto probablemente no ayudará a la solución del problema. Intentar tener una actitud menos reactiva y comenzar con una actitud más positiva y comprensiva puede ayudar.

Puede preguntarse y ¿cómo lo hago? Bueno, comencemos por tratar de encontrar la razón por la que el otro parece no estar interesado.

La mayoría de las veces la raíz va a ser emocional. La falta de respeto, consideración, reconocimiento, paciencia y comprensión puede distanciar a una persona.

Otras posibles causas podrían ser un trauma durante su crianza que puede haber causado una actitud negativa subconsciente contra su pareja.

¿Podría también ser una causa física debido a alguna enfermedad subyacente? Si la respuesta no fuese fácil, puede requerir una visita al médico y a un terapeuta sexual.

Recuerde que concentrarse en la solución,y hacer algo al respecto, lo llevará más lejos que solo dar vueltas y vueltas quejándose del problema.

Trabajando Juntos en la Solución

El escenario ideal es que ambos en la pareja estén dispuestos a participar en identificar el problema (que causó el distanciamiento emocional y / o físico) para luego buscar la solución. Sin embargo, es posible que, solo uno de ustedes haya mostrado este interés.

Por favor, no se sienta desconsolada ya que puede haber muchas cosas que Ud. puede hacer.

Para que ocurra un cambio en la relación, uno de ustedes debe tomar la iniciativa y dar el primer paso, puede que ahora sea su turno.

"Solo puedes controlar lo que piensas y lo que haces. Solo eres responsable de tus palabras y de tus acciones."

Trate de escuchar primero, invite a su pareja que hable primero, después, cuando sea su turno, muy posiblemente la pareja será una persona más receptiva.

Durante la conversación, deje que el otro diga primero lo que está en su mente. De esta forma Usted obtiene el conocimiento para comprender mejor lo que el otro está pensando y sintiendo. La mayoría de las perso nas, después de que los oyen, tienden a prestar más atención en un acto recíproco.

"Busca entender antes de ser entendido."
—S. Covey

Cuando muestre acciones de cariño hacia su pareja, es probable que el otro le corresponda. En lugar de hacer un comentario negativo, intente decir lo mismo de manera positiva. Por ejemplo: "Ya no me abrazas" (suena como una acusación), puedes decir "Disfruto cuando nos quedamos más tiempo abrazándonos suavemente."

Puede ser necesario que uno de ustedes tome la iniciativa para mejorar la relación, luego el otro puede seguirlo. En última instancia, puede ser útil comprender que AMBOS deben realizar cambios.

Con demasiada frecuencia, cuando las parejas experimentan dificultades en su sexualidad, sufren solas y en silencio.

Evitan hablar sobre el tema de manera abierta y honesta porque pueden sentirse incómodos o avergonzados.

Mantenerlo en silencio y para ti es triste. La mayoría de las personas no tienen la capacidad de leer la mente de los demás, especialmente cuando se trata de satisfacción sexual.

Puede resultar difícil saber exactamente lo que ambos quieren o necesitan. Sería de gran ayuda para la pareja abrir la puerta de la comunicación y compartir esa información abiertamente.

La mayoría de los problemas sexuales en la pareja se deben a la falta de comunicación efectiva sobre temas delicados y personales.

Parte de lo que será necesario hacer es mejorar la comunicación y abrir las puertas para comenzar a hablarse y tocarse nuevamente.

Un esfuerzo en equipo probablemente le dará los resultados más favorables. AMBOS NECESITARAN SER MÁS FLEXIBLES Y ADAPTARSE MEJOR A LAS NECESIDADES DEL OTRO.

La pareja puede decidir primero, y aceptar que,
una vida sexual con amor
es de suma importancia.

Entonces pueden darse permiso
para explorar la sexualidad.
de manera abierta y honesta
para encontrar los tesoros que esta guarda.

EN LUGAR DE CONTINUAR DISCUTIENDO
SOBRE LAS DIFERENCIAS,
Y QUIEN TIENE LA CULPA; EN
LA PAREJA, USTEDES
DEBEN CONVERTIRSE EN ALIADOS
Y COMPAÑEROS EN EL AMOR,
PARA BUSCAR JUNTOS
LAS SOLUCIONES.

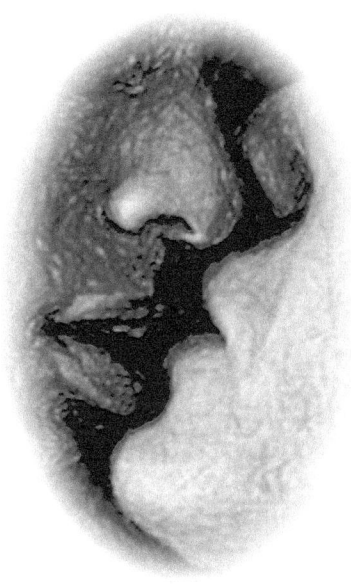

Ambos deben cambiar esta actitud de juicio
por una actitud de aprecio a su pareja.

De manera sincera, ambos, cada uno por separado, pueden hacer una lista de cinco de las cualidades que encuentran en su pareja y luego compartirlas entre sí.

A nadie le gusta que lo critiquen y a todo el mundo le gusta que lo valoren. Un cumplido sincero hace mucho bien.

VII

"Hoy no,... Tengo dolor de Cabeza"

Nos referiremos a la instancia en la que "me duele la cabeza" es solo una excusa para evitar tener relaciones sexuales. Expresiones similares incluyen: "Estoy cansado/a", "No me siento bien" o sin palabras para mostrar indiferencia.

Con gran sabiduría se ha comentado que:

"Cuando el sexo va bien en la pareja, aporta el 35% de la estabilidad y la felicidad, pero, cuando la intimidad sexual no va bien, de repente se convierte en el 90% del motivo de la infelicidad de la pareja."

Si bien la "armonía en la cama" no lo es todo, pero con seguridad, es un factor muy importante para el   bienestar de la pareja.

Recordemos que cuando existe una brecha en la comprensión sexual de la pareja, esto provoca un distanciamiento, ya sea físico y / o emocional.

uno de los estimulantes sexuales más poderosos que existe es saber que tu pareja sexual te desea apasionadamente.

El sentimiento de ser deseado/a por su pareja, no solo hace feliz a la persona, va más allá, invita, estimula y alimenta el alma.

El entendimiento de sentirse deseado por su pareja, hace que la persona se sienta aceptada y amada.

Por el contrario, cuando una persona siente que su pareja no la quiere o no la desea, se traduce en "hoy no te quiero", "tú no tienes lo que yo necesito."

"El rechazo destruye la unión de la pareja."

Cuando la intimidad sexual se ha convertido en una carga, cuando las relaciones sexuales se han convertido en algo monótono sin emociones positivas, hacer el sexo en estas circunstancias probablemente hará que la persona se sienta usada.

Tener sexo como una obligación, solo para cumplir con sus deberes maritales, sin ganas, sin fuego, sin pasión, sin cariño, sin correspondencia, hace preguntarse si todavía hay amor en esta relación. El resentimiento, los conflictos no resueltos, la traición, la falta de respeto pueden ser como veneno para la relación. Estar en esta situación puede significar que la pareja está a un paso del divorcio.

Uno, o ambos, en la relación, pueden estar heridos por algunos incidentes que pueden haber ocurrido en el pasado. Trate de "ponerlos a la luz" y "enfóquese en la solución, no en el problema." Con una actitud positiva, con paciencia, con control sobre sus emociones negativas y, sobre todo, con mucho amor, pueden buscar resolver esta situación que perjudica la unión de la pareja.

Si esto es lo que les está pasando en su relación, hagan su mejor esfuerzo y abran las puertas al diálogo. Es posible que AMBOS tengan que ceder y tratar de adaptarse a las necesidades de su pareja.

El aspecto emocional   es responsable de más de
50% del éxito para establecer la "armonía en la cama."

Sòlo después de que el aspecto emocional haya sido atendido adecuadamente, habrá una buena posibilidad de encontra placer y realización completa en la vida sexual de la pareja.

La Falta De Deseo Sexual

Las causas de la falta de deseo sexual pueden ser diversas. Las causas más comunes son de origen psicológico.

Entre ellos encontramos:

- **Estrés y fatiga:**

  Esto tiende a ser transitorio porque, cuando el individuo se siente descansado, el deseo sexual regresa. Es importante que la pareja procure regularmente pasar momentos alejados del estrés diario, en que ambos intenten realizar actividades para relajarse y divertirse juntos. Ambos deben buscar y planificar tiempo juntos y, a solas como pareja, para darse su atención plena, tal como lo hicieron al comienzo de la relación.

- **Ansiedad:**

  Este sentimiento es descrito por muchos como "La preocupación y miedo intenso, excesivo y persistente ante situaciones cotidianas, la sensación de que algo malo está a punto de suceder."

La ansiedad es una sensación desagradable de peligro inminente, pero muchas veces aparentemente no está relacionada con ninguna situación específica. El ser humano tiende a NO comportarse de manera óptima cuando se siente ansioso. La ansiedad va de la mano con el miedo. Un hombre con ansiedad puede tener dificultades para lograr una erección (disfunción eréctil), puede sufrir de eyaculación precoz (llegar al orgasmo apenas comenzando a tener sexo) o simplemente una falta de deseo sexual.

Asimismo, la mujer que padece de ansiedad, generalmente provocada por el miedo, tampoco podrá disfrutar de las relaciones sexuales. La mujer con ansiedad puede sufrir de Anorgasmia (incapacidad para alcanzar un orgasmo), Vaginismo (contracción de los músculos vaginales que impiden la penetración), etc.

- **Ira reprimida:**

    Una persona que está enojada con su pareja puede expresar su frustración a través de la apatía y la falta de deseo sexual. Puede resultar difícil iniciar el juego del amor cuando hay situaciones conflictivas sin resolver. Otras veces, la ira subyacente puede deberse a experiencias negativas anteriores con el sexo opuesto o problemas de la vida en general.

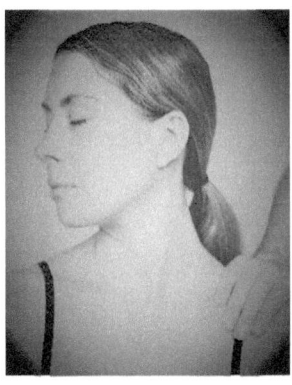

- ## Sentimientos de rechazo:

  Cuando una persona percibe un rechazo a la intimidad, esto puede llevar a una falta de deseo sexual hacia su pareja.

- ## Otras causas no psicológicas:

  Si bien las causas psicológicas son las más comunes, igualmente, pueden existir otras causas como: deficiencias hormonales, enfermedades debilitantes y crónicas, dolor de cualquier causa, efectos secundarios de ciertos medicamentos, etc.

Para poder experimentar el placer, uno necesita tener un sentido básico de autoestima que dice: "Soy adorable", "Soy deseable" y luego, la capacidad de comunicarse y compartir sus deseos, gustos y disgustos con su pareja. Mejorar el deseo sexual es el arte de querer tener una mejor vida sexual.

¿Qué se puede hacer en caso de pérdida del deseo sexual?

Si notó una disminución de su deseo sexual por su pareja, intente analizar la causa entre las muchas mencionadas, quizás una o más se aplique a su caso. Sea honesto consigo mismo y luego intente encontrar una solución, por su cuenta, con la ayuda de su pareja o, si fuese necesario, buscando ayuda profesional.

Recuerde que el "Romance" puede ser necesario para despertar el deseo sexual. Lo desconocido, lo prohibido, la idea de perder el control nos tiende a emocionar.

La creatividad y la imaginación ayudan a mantener el fuego en la pasión.

El sexo en una relación comprometida, a veces, puede necesitar ser una acción premeditada. Es posible que ambos necesiten planificar un momento especial en que los dos estén solos con el deseo de para participar en juegos apasionados.

El sexo no es algo que haces, en cambio, es un lugar al que vas. Es un lugar para conectarse, un lugar para ser travieso, tierno, juguetón, para sentirse joven y atractivo, un lugar para el poder, el control y la entrega, un lugar para todo lo que viene a la mente con una imaginación creativa y con una pareja que participe en plenitud. Aceptar que el sexo con amor es algo que lo quieres, lo mereces, es algo bueno que tienes derecho a recibir y que quieres compartirlo con tu pareja.

La conversación, la negociación, la complicidad, la alegría, la sed de aventura, la atracción por lo "prohibido" juntos, con una actitud resolutiva, definitivamente pueden ayudar.

Recuerda que de nada sirve identificar la posible causa de la falta de deseo sexual cuando no se hace nada para mejorarla. Si puede encontrar la causa, concéntrese en resolver este problema.

Por otro lado, si no puede identificar la causa de la falta de interés sexual hacia su pareja, si los dos no pueden trabajar para resolver este problema por sí mismos, busque atención con su médico y / o un terapeuta sexual.

Más Allá de la Apariencia Externa y Superficial

Muchas parejas tienen una pelea tras otra y, lamentablemente, solo se enfocan en observar lo que aparentemente causó esa discusión. Muchas veces, una persona ya estaba irritable que, inclusive hasta el vuelo de una mosca puede provocarla.

Cuando una persona se siente insatisfecha, frustrada emocional o sexualmente, se vuelve irritable, molesta, hostil y todo parece indicar que "no hay luz al final del túnel."

Muchas veces parece más fácil explicar un conflicto a partir de un acto trivial, que dedicarse a analizar los problemas subyacentes.

La propia persona, que está en medio del conflicto, puede ni siquiera reconocer que, como ejemplo, lo que de verdad le molesta es que han pasado más de dos meses desde que tuvo un orgasmo; pero en su caso se molesta de sobre manera de una cosa trivial como por qué no terminó la cena su marido.

Sin embargo, resulta que, muchas veces, es menos conflictivo atribuir el problema a un acto trivial, como que le dijo al otro algo que le molestaba. (cuando ese no era el verdadero problema)

Es posible que en la relación ninguno de los dos pueda identificar el problema real, y se limiten a discutir solo lo aparente.

Como resultado, su relación se deteriora y, al final, sucede lo inevitable… el colapso físico y/o emocional.

Si no se identifica y reconoce el verdadero problema de fondo, hay muy pocas posibilidades de que este problema pueda resolverse.

Ambos deben ser honestos y hablar sobre el conflicto que tienen entre manos, lo que causó la disputa; luego preguntarse si ya estaban molestos por algún otro hecho, previo a la discusión. Puede encontrar que con frecuencia ese fue el caso.

Para las parejas que pueden tener algo similar sucediéndoles, será de ayuda tratar de identificar el problema de fondo.

Con paciencia, respeto y amor intenta abrir un diálogo para buscar la solución para ambos.

*"La actitud y la conducta que se den el uno al
otro pueden marcar toda la diferencia."*

Sean sinceros el uno con el otro y hablen de los problemas de fondo reales que les afecta a ambos.

Componentes Esenciales para Establecer Una Buena Comunicación

En una encuesta a cientos de parejas sobre la sexualidad, se observó que, un factor común que ocurría en la mayoría de ellas, era la falta de comunicación efectiva.

La comunicación es el instrumento fundamental para alcanzar un buen entendimiento, una mejor complementación y, por tanto, la felicidad de la pareja.

Quiero reiterar la gran importancia de saber comunicarse en las relaciones humanas, especialmente para la relación en la pareja.

Si se pone a dos personas en una habitación, luego se les pide que lleguen a un acuerdo en sus diferencias, no solo que esto pudiera no ocurrir, si no por el contrario, los problemas pudieran aun empeorar en caso de que ambos carezcan de la capacidad para comunicarse.

La mayoría de los ingredientes necesarios para una buena comunicación parecen obvios, pero a menudo no están presentes cuando más se los necesitan, en medio de una conversación acalorada.

Entre los componentes esenciales para establecer una "comunicación eficiente" tenemos:

► **SABER CÓMO ESCUCHAR:** Escuchar primero a la otra persona es importante y, saber escuchar, puede marcar la diferencia. Escuchar, no es solo estar callado mientras alguien más habla, va más allá de eso, debes:
  - Prestar atención a lo que la otra persona dice, sin interrumpir o prejuzgar
  - Sin insultar
  - Dar importancia a lo que dice el otro y dar crédito a lo que estás escuchando.
  - Debes decirte a ti mismo que la otra persona que está hablando pudiera tener razón sobre lo que está diciendo y debes tenerlo en cuenta.

EVITE LA HOSTILIDAD física y verbal.
  - Mantenga la calma
  - No grite
  - No ofenda (no insultar)
  - No empiece a golpear paredes, ni arrojar objetos
  - No empuje ni golpee a su pareja.

► <u>**NO ASUMIR COSAS**</u> y llegar a sus propias conclusiones sin antes darle la oportunidad al otro de explicarse.

► <u>**EXPRESESE CON CALMA, CONSIDERACIÓN Y RESPETO**</u>

► <u>**NO SE SIENTA DUEÑO DE LA VERDAD**</u> y considere la posibilidad de que la otra persona pudiera tener la razón.

► <u>**NO SIEMPRE CULPE**</u> a la otra persona y considere la posibilidad de que pueda usted estar equivocado.

► <u>**NO SE PONGA A LA DEFENSIVA**</u> y en respuesta ataque.

► <u>**EVITE LOS REPROCHES:**</u> Trate de NO hablar con el otro de una manera que exprese desaprobación, crítica o decepción.

► <u>**EVITE EL REMOLINO NEGATIVO**</u> de repetir lo mismo sobre el problema, una y otra vez, simplemente tratando de culpar al otro en lugar de concentrarse en buscar la solución. "Enfóquese en la solución, no en el problema."

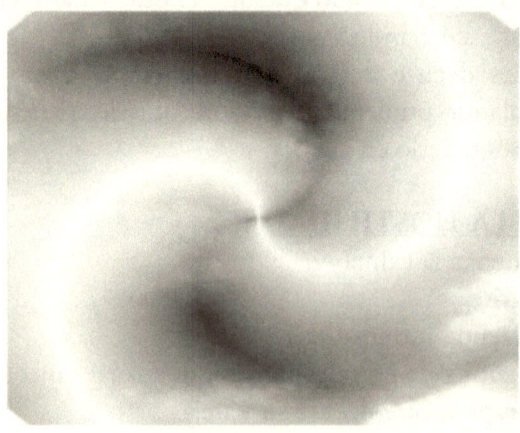

▶ **TOME UNA ACTITUD POSITIVA**, evite ser pesimista, y, por el contrario, ponga fe en que ambos PUEDEN llegar a un entendimiento. *Enfócate más en las cosas positivas que ambos tienen y,* sobre todo, busque soluciones alternativas dando sugerencias positivas.

▶ **COMPRENDER QUE SE PUEDE HACER UN CAMINO AL ANDAR**. "Al andar deja rastros que pueden convertirse en una ruta a seguir." Sigua intentándolo que podría encontrar su camino.

Toda oportunidad de entablar un diálogo puede verse interrumpida repentinamente cuando no se tienen en cuenta los puntos descritos anteriormente.

Al mejorar sus habilidades de comunicación, seguro que ambos ganarán.

Es importante procurar un momento oportuno y tranquilo para entablar comunicación, pero, por otro lado, no posponer el diálogo indefinidamente.

Cuando hay problemas, es mejor poner una pronta solución antes de que estos sigan creciendo.

Sin embargo, de vez en cuando, incluso con las mejores intenciones, puede ser difícil comunicarse sin pelear o sentirse ofendido.

Cuando la pareja no puede establecer un diálogo positivo en forma independiente, puede ser necesario la intervención de una tercera persona neutral, como un consejero o un terapeuta, que les ayude a entablar un diálogo y abra las puertas a una comunicación efectiva.

Tomar en cuenta los puntos mencionados muy probablemente le ayude a la comunicación con su pareja.

"Se necesitan dos para bailar un tango."

Ambos deben hacer su parte para salvar o mejorar la armonía en la relación.

la introducción de sentimientos, amor y espiritualidad
a la relación sexual transformará la
experiencia. ya no será solo
"una entrega de la carne", se convertirá
en una "manifestación de amor",
una Hermosa obra de crecimiento,
y acercamiento entre dos
seres que se aman.

A Que Nos Referimos con "Hacer el Amor"?

Hacer el amor no es sinónimo de coito (penetración del pene en la vagina), esto implica mucho más.

Hacer el amor es la entrega total de uno mismo al otro con amor. Es darse plenamente y hacer todo lo que su imaginación le permita, para poder dar y recibir cariño.

Acciones amorosas como coqueteo, romance, pasión, palabras dulces, caricias tiernas y sensuales, atenciones amorosas, con todo el cuerpo y la mente, con esa fuerza que viene de lo más profundo de ti... esto es parte de hacer el amor con el amor.

Existen diferencias físicas y psicológicas entre un hombre y una mujer. En general, las mujeres tienden a ser más sentimentales y emocionales; por otro lado, el hombre tiende a ser más visual, físico y práctico.

En la gran mayoría de los casos, para **las mujeres**, la sexualidad es una proyección del afecto emocional, **"primero siento todo ese júbilo emocional, luego el deseo de entregar mi cuerpo."**

En cambio, **para el hombre "la entrega corporal, llena de pasión y deseo, le hace sentirse amado."**

Un hombre puede excitarse más rápidamente que una mujer.

Después de que eyacula (tiene un orgasmo), tendrá un período refractario (incapacidad del pene para lograr una erección) que puede prolongarse durante minutos, horas o incluso días, dependiendo de la edad y el estado de salud del individuo; por otro lado, la mujer puede tener un orgasmo seguido de otro, con períodos muy cortos entre ellos.

Cuando un hombre eyacula, su nivel de excitación sexual cae precipitosamente. La mujer, por otro lado, puede tener un nivel constante de excitación que dura mucho más tiempo, y la estimulación sexual puede descender más lentamente.

Muchas veces, "la gratificación y el placer residirán en dar placer y alegría a su pareja."

Un grave error para muchas parejas es asumir la actitud de que la responsabilidad de sentir placer está "en manos" de la pareja.

Es un error pensar que la otra persona es la que está "a cargo" de darle placer.

Adoptar una actitud de total receptividad y pensar que llegar al orgasmo sucederá solo si la pareja la/lo estimuló adecuadamente; o si no sucedió, fue porque la pareja no sabía cómo hacerlo, es un error.

Saber despertar y estimular sexualmente, con una buena técnica, a tu pareja definitivamente puede ayudar, pero no lo es todo.

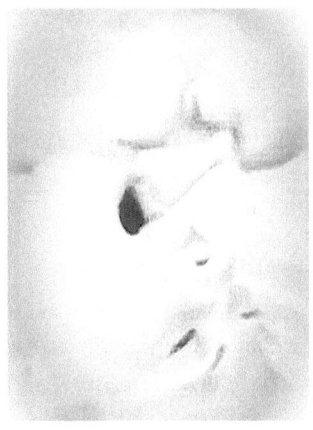

Alcanzar un orgasmo es una responsabilidad individual. Cuando, al hacer el amor, uno busca complacer a la pareja y el ser amado está tratando de hacer lo mismo, esto aumentará la posibilidad de que ambos experimenten placer. También es importante concentrarse en su propio placer.

Alcanzar un orgasmo es maravilloso, pero no es el único medio de satisfacción ni debe ser el único objetivo que se debe buscar.

Por ejemplo, cuando tiene eyaculación precoz, en un par de embestidas alcanzó un orgasmo, pero nadie realmente tuvo mucho placer.

Se ha dicho que:
Si el sexo debiese tener una meta, Debe
ser el placer, no el orgasmo.

Muchas veces, puedes ayudar a tu pareja a complacerte, sugiriendo te haga las cosas que a ti te gustan; de igual manera, anima a tu pareja a hacer lo mismo.

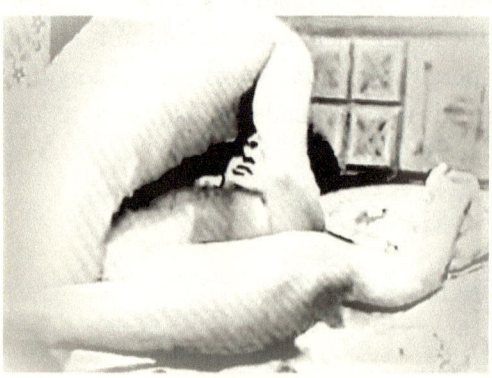

Cuando "hacer el amor" deja de tener el amor como ingrediente principal, se convierte en un acto mecánico.

En estas circunstancias pueden surgir problemas de aburrimiento, monotonía, el sexo como deber y la sensación de ser usado.

Muy posible quede corta la habilidad de expresar con palabras las maravillas que "hacer el amor con amor" encierra. Además, para una persona pueda significar algo diferente que para otra, sin embargo, un denominador común es la presencia de ese sentimiento grandioso que nos toca muy profundamente… el amor.

"El amor mueve montañas", este sentimiento de intenso afecto tiene el poder para transformar vidas. En el matrimonio se puede decir que hacer el amor es la "Entrega completa de tu ser (cuerpo y mente), hacia tu cónyuge."

"mi cuerpo vibra,
desde la punta de mis cabellos Hasta la
punta de mis pies. todos y cada uno de
mis poros traspiran copiosamente.
mi aliento jadeante sopla a tu oído murmullos de amor.
mi entrega es completa y sin reservas.
mis labios y mi lengua exploran
insaciablemente tu boca y tu cuerpo.
mi pene erecto te penetra repetitivamente,
una y otra vez. mi corazón late con
incontrolable fuerza contra tu pecho.
en medio de esta dulce tormenta,
como un estallido volcánico,
vierto en ti mis fluidos de vida.
…oH mi bien amada.
—Leo.

Ingredientes Necesarios para un Mejor Entendimiento en la Pareja

Cualquier intento de disfrutar al máximo de la sexualidad con tu pareja, probablemente no funcionará, si los aspectos afectivos y emocionales no son satisfactorios.

Dos personas pueden tener relaciones sexuales sin tener ningún vínculo personal, emocional, o afectivo. Esto no es lo que entendemos por "hacer el amor."

Este libro, que se titula "Hacer el amor con el amor", busca ser un instrumento que pueda ayudar a las parejas a desarrollar una unión más estrecha, mejorar la comunicación, y por lo tanto beneficiar la relación de la pareja.

Sin embargo, no hay duda de que esto no sucederá si existen conflictos no resueltos que están afectando los fundamentos básicos del entendimiento mutuo.

Ingredientes necesarios para un mejor entendimiento en la pareja son: Amor, confianza, respeto, comunicación, paciencia, tolerancia, tiempo, lealtad, responsabilidad, compatibilidad, y capacidad de perdón.

▶ **AMOR**: El amor, en la pareja, es ese afecto intenso y profundo por la otra persona. ¿Cómo sabes si el amor está presente en la relación con tu pareja? ¿Podría ser solo una necesidad de llenar el vacío que sientes? ¿Es posible que lo que te retiene en la relación sea el temor a la soledad o el sustento económico?

¿Has notado que cuando le das un abrazo a tu pareja, cuando la miras, o cuando le das un beso, o le tomas la mano, sientes esa «indescriptible sensación de calor intenso muy especial en tu interior»? ¿Será amor?

El Amor Romántico es esa fuerza maravillosa que nos hace sentir por encima de todo lo que está sucediendo en nuestro entorno. Es ese sentimiento supremo el que toma todo tu ser y te hace temblar internamente. El amor es un ingrediente indispensable para la felicidad de la pareja. "En nombre del amor" puedes hacer incluso aquello que parece imposible.

► **CONFIANZA**: Es la firme **creencia** en la fiabilidad, la verdad, la habilidad, y la fuerza de la otra persona. La confianza es otro ingrediente indispensable. Ambos deben tratar de darle a su pareja la seguridad de que "uno puede contar con el otro", que ambos buscan el bien para la pareja. Apliquen el dicho: "Yo te cubro las espaldas."
En la relación donde no hay confianza, la posibilidad de vivir juntos en armonía es nula.

► **RESPETO**: Un sentimiento de profunda admiración por alguien destacado por sus habilidades, cualidades o logros. Es tener consideración por los sentimientos, deseos, derechos o tradiciones de los demás.
¿Ves en tu pareja a una persona digna de tu consideración, admiración y respeto?
Piense en alguien a quien, sin lugar a duda, usted respeta; Ahora pregúntese si ha tratado a su pareja con esa consideración que conlleva el respeto. Si la respuesta es no, busque las causas e intente corregirlas. El respeto mutuo es demasiado importante para no estar presente en una relación amorosa.

► **COMUNICACIÓN**: Es otro ingrediente indispensable. Se espera que, en todas las relaciones humanas, más aún en la pareja, haya desacuerdos, malos momentos, y diversidad de opiniones. Todos estos pueden crear fricción y conflicto. La falta de una comunicación positiva pertutbará el bienestar de la pareja. el bienestar de la pareja. Puede consultar el capítulo "Componentes esenciales para una buena comunicación" (Capítulo X)

► **PACIENCIA**: Es la capacidad de aceptar o "aguantar" retrasos, problemas o sufrimiento sin enojarse. En cualquier relación interpersonal se requiere de una buena dosis de paciencia, esto es cierto especialmente para la vida matrimonial.

▶ <u>**TOLERANCIA**</u>: Es el permitir o aceptar una acción, idea o persona, que a uno no le guste, o con quien no esté de acuerdo. En la relación de pareja, ambos pueden estar de acuerdo en estar en desacuerdo. No todo el mundo piensa de la misma manera y debería haber cierto margen para la aceptación y la tolerancia. Errar es humano, todos podemos equivocarnos y, esto puede requerir nuestra tolerancia para poder aceptar lo sucedido, perdonar y seguir adelante.

▶ <u>**TIEMPO**</u>: El tiempo es la existencia y los eventos que ocurren en una sucesión, aparentemente irreversible, desde el pasado, pasando por el presente, hacia el futuro.
Es necesario darnos tiempo para compartir y crecer juntos. Si está ocupado, "haga el tiempo." Aunque parece obvio, y redundante: "Dedíquense tiempo para mantener vivo el fuego del amor." Ambos deben continuar cultivando la tierra donde sembraron las semillas del amor y donde las raíces de su amor todavía pueden seguir creciendo.

▶ <u>**LEALTAD**</u>: Es la fidelidad que uno debe, por compromiso, por promesa o por elección. Nuestra sociedad ha promovido el tipo de relación monógama, y la pareja comprometida espera exclusividad en la intimidad sexual.

La lealtad en la relación es el mantener el cumplimiento de sus promesas, lo que hará que puedan confiar el uno en el otro.

▶ **RESPONSABILIDAD**: Es algo que se espera de usted como miembro respetable de una comunidad, implica buen juicio y la capacidad de actuar correctamente y tomar decisiones por su cuenta. Uno, o ambos, deberán ser los proveedores financieros. Uno o ambos, deben asegurarse de que se cumplan las tareas de la casa, el cuidar de los niños, y el mantenimiento de ciertas reglas de la casa. Todo tiende a funcionar mejor cuando ambos, en la pareja, saben cuáles son sus responsabilidades.

▶ **COMPATIBILIDAD**: Descrita como el estado en el que dos entidades pueden coexistir juntas sin problemas o conflictos; un sentimiento de simpatía, amistad, y afinidad que los une.

- ¿Qué tan bien conoce a su pareja y qué tan a gusto se siente compartiendo actividades juntos?

- ¿Comparten gustos similares?

- ¿Disfrutan juntos de actividades divertidas?

- ¿Tienen metas similares en la vida?

- ¿Tienen una escala de valores similar?

- ¿Lo qué es bueno para uno, es bueno o malo para el otro?

- ¿Ambos creen en el mismo Dios y viven su religión de la misma manera?

- ¿Ambos tienen una filosofía de vida similar?

- Si ambos son compatibles en su mayoría, genial.

- ¿Cuán importante es aquello donde no son compatibles?

- Con amor, comprensión y compromiso se puede superar la falta de compatibilidad en muchos aspectos, cuando exista el deseo mutuo de ayudarse y complementarse.

▶ **CAPACIDAD DE PERDÓN:** El perdón es el proceso intencional y voluntario mediante el cual alguien que inicialmente puede sentirse victimizado, experimenta un cambio de sentimientos y actitud con respecto a una ofensa determinada y supera las emociones negativas como el resentimiento y la venganza. Ya sea que la ofensa dada fuera real o imaginaria, cuando una persona no tiene la capacidad de perdonar, puede tener muchas dificultades para mantener una relación satisfactoria. A veces puede ser necesario perdonarse a sí mismo y otras veces perdonar a su pareja. Poner en práctica el perdón es la única forma de curar una cicatriz emocional.

Haga un análisis de todo lo mencionado anteriormente. Si identifica que uno o más de estos puntos importantes faltan en su relación, usted y su pareja deben tomar la decisión de superar esos problemas pronto.

El desarrollar buena comunicación conducirá a una mejor comprensión y mejorará la relación. Incluir los ingredientes necesarios para una buena relación en su vida puede aumentar las posibilidades de vivir juntos en armonía y felicidad.

XIII

Sugerencias y Comentarios

Abramos las puertas, para que juntos, como pareja, ambos se embarquen en el viaje para descubrir una mayor plenitud en su sexualidad.

Al "hacer el amor con amor", lo que buscamos es: *"Honrarse unos a otros y construyendo un puente entre sus cuerpos, sus CORAZONES y sus espíritus."* Buscamos promover un flujo armonioso de emociones positivas…

Al "hacer el amor con amor", uno debe entender que, en la intimidad sexual, la entrega y el renunciamiento es completo.

Libérate de prejuicios, censuras y miedos. Todas las formas de caricias están permitidas y son manifestaciones de amor. De manera confiada, ambos, ejerciendo su plena libertad, pueden entregarse al ser que aman…

Cuanto más abierto y vulnerable te pongas frente a tu pareja, mayor será el crecimiento de la confianza entre los dos.

Para caminar hacia el "entregarse por completo", hacia la entrega total, al hacer el amor con amor, debería depositar la confianza en su pareja, y darse permiso para manifestar su amor sin inhibiciones, y libremente.

En el amor "todo vale", siempre que haya un ambiente
de consideración, respeto y deseo de acomodarse
mutuamente a las necesidades de su pareja.

El órgano más importante, en la misión de hacer el amor, es el cerebro. El aspecto emocional se lleva más de la mitad del éxito de la satisfacción.

Para el hombre, es especialmente importante que su pareja le muestre respeto, aprecio y pasión.

Por otro lado, para la mujer es especialmente importante que su pareja demuestre amor, protección y admiración; que le muestre que la ama, que está ahí para protegerla y que admira su belleza.

"Hacer el amor" comienza mucho antes de que estén físicamente juntos. Ambos se extrañan, recuerdan los momentos de total entrega que compartieron e imaginan lo que harán cuando vuelvan a estar juntos.

Se tratan con cariño, dulzura y consideración. Se coquetean y son juguetones, comparten palabras y gestos amorosos.

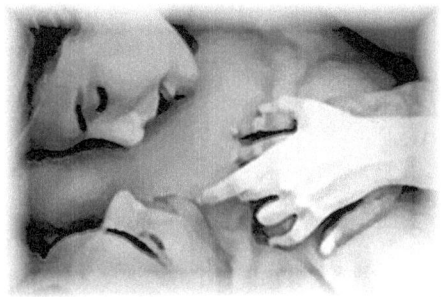

Finalmente, en la privacidad, donde se sientan cómodos, comenzarán con miradas lujuriosas, caricias, besos y una entrega total, mientras sienten esa pasión creciente que los invade.

Tener una buena predisposición y una mente abierta para aprender nuevas técnicas de cómo complacer a su pareja puede ser útil.

Con las puertas abiertas a descubrir y, dentro de un ambiente de confianza-y-amor, explore las diferentes y múltiples formas de complacerse el uno al otro.

Tener un buen sentido del humor puede ser de gran ayuda para la pareja, tener la confianza para reírse el uno del otro sin tomar ofensa, tener la capacidad de no tomar todo "a pecho", poder sentirse relajado y cómodo compartiendo una buena risa puede ser un "aliciente" para la relación.

- ♥ Deben buscar una ENTREGA total del uno hacia el otro.
- ♥ Un darse total SIN PREJUICIOS, ni condiciones.
- ♥ Llegar al punto de sentirse CÓMODO para poder sugerir innovaciones.
- ♥ Libérate de los miedos que pueden frenar o inhibir tu iniciativa.
- ♥ Libérate de la ansiedad de sentirte rechazado.
- ♥ Libérate del temor de no poder satisfacer a tu pareja.

♥ Procede a sentir que TODO LO QUE DAS Y RECIBES ES PRODUCTO DE LA EXPRESIÓN DE ESTE AMOR INMENSO QUE SE TIENE EL UNO AL OTRO.

♥ No se sienta avergonzado.

♥ Aventúrese a probar cosas nuevas.

♥ Sea creativo y ambos pongan de su parte para participar con entusiasmo.

♥ NO SE QUEDE ÚNICAMENTE EN MODO RECEPTIVO y también asuma el papel activo.

♥ Toma la iniciativa de expresar su amor con pasión y fuego.

♥ Traten de sentir que ambos se entregan totalmente el uno al otro sus cuerpos, emociones y pensamientos.

Cuando hacen el amor con amor, se están transmitiendo el siguiente mensaje:

"Es tan grandioso el amor que tengo para ti,
que la pasión con fuerza inunda mis sentidos,
provocando un desbordamiento de emociones positivas
conduciendo a una rendición total de mi ser ...
"amor de mi vida" ...
compartir contigo es un poco de cielo en la tierra."

Comentarios útiles sobre el comportamiento humano:

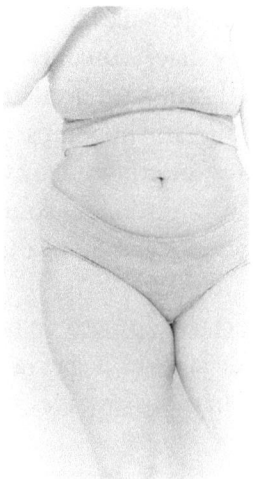

▶ "Tu cuerpo es perfecto, tal y como es." Tener una imagen positiva de sí mismo le permitirá cuidarse mejor y cuidar a los demás.

Mejorarse es algo bueno, pero no dejes que esto dañe tu autoestima. Si a alguien no le agradas o no te acepta como eres, es posible que estés con la persona equivocada. O viceversa.

"Ámate y acéptate como eres, este es el
primer paso hacia una relación feliz."

▶ Tú eres quien crees que eres, la imagen que tienes de ti mismo es la imagen que proyectas a los demás.

▶ En nuestra mente, y sin darnos cuenta, tenemos esa parte que nos está juzgando constantemente. Así mismo, esa parte está constantemente juzgando a todos los demás. Cuando nos encontramos en falta, hecho frecuente, nos castigamos y nos convertimos en el principal obstáculo para alcanzar nuestra propia paz y felicidad. "Se tu mejor amigo, no tu peor enemigo"

▶ A menudo tenemos heridas emocionales que llevamos desde la niñez. Una forma de sanarlas es a través del perdón, hacia nosotros mismos y hacia quienes, en nuestra percepción, fueron los que nos lastimaron de alguna manera.

Podríamos creer que no podemos perdonar, especialmente cuando el orgullo se interpone en nuestro camino. Nacimos con la capacidad de perdonar, solo tenemos que empezar a practicarla y, con el tiempo, se convertirá en algo natural y automático.

El principal beneficiario del acto de perdón es el que perdona, ya que se liberará de la carga negativa que lleva años cargando.

▶ En toda relación hay dos mitades, solo eres responsable de tu mitad.

▶ Si crees que encontrarás tu felicidad en otra persona, si crees que tu felicidad depende de tu pareja, estás equivocado.

Nadie puede "hacerte feliz", tu felicidad es el resultado del amor que sale de ti mismo.

▶ La comunicación basada en el respeto y el amor es la clave para mantener vivo el amor.

▶ Si tratas a tu pareja con respeto y amor, ¿quién se beneficia? Usted mismo. Tu encárgate de sanear y mejorar tu mitad de la relación y tus posibilidades de una relación feliz serán mucho mayores.

► Tonto es el que espera un resultado diferente cada vez, pero sigue haciendo lo mismo una y otra vez. Sin darse cuenta, muchos hacen esto. Si usted espera un resultado diferente, asegúrese de hacer las cosas de manera diferente.

► Si eres el tipo de persona que crees que siempre tienes la razón, (nadie tiene la razón siempre ya que errar es humano), esta conducta puede afectar negativamente tu relación. Solo cuando una persona reconoce que está equivocada, tiene la opción de cambiar. Al corregir un error, tenemos la oportunidad de aprender y crecer.

► El amor no tiene obligaciones, no tiene expectativas, se basa en el respeto, la compasión, la responsabilidad, la bondad y la entrega incondicional. Pero eso no significa que dejes que el otro te pisotee y no hagas nada al respecto. Porque tú también te amas a ti mismo, no debes permitir que otros te maltraten tampoco. El amor no se trata de definiciones abstractas… se trata de acción. La única forma de crecer en el amor es tomando la acción de dar y recibir.

► En la relación de pareja, tenemos la opción de crear conflicto y hacer de la relación un campo de batalla o no. Intentar controlar o manipular al otro puede ser, erróneamente, nuestro foco de atención.
Por otro lado, también tenemos la opción de <u>hacer de la pareja un "compañero/a de equipo" con el que jugamos juntos, y no el uno contra el otro</u>. No se trata de ganar o perder, se trata de pasarla bien, de esta forma ambos ganamos.

► Si pensamos en buscar amor, pero lo que buscamos es alguien que nos necesite, alguien a quien controlar y manipular, entonces no buscamos el amor. Es mejor estar con alguien que quiera estar contigo y no con alguien que necesite estar contigo.

► Las actitudes de celos, posesividad y egoísmo solo alejarán a su pareja. Tratar de controlar o manipular a su pareja creará una actitud defensiva en su pareja. Si no hay armonía en su relación, piense en la posibilidad de que usted sea el culpable.

▶ Tener una actitud generosa con amor hacia su pareja probablemente será una invitación implícita para que el otro haga lo mismo.

▶ Es posible que usted no tenga control ne lo que sucede a su alrededor o lo que a usted le suceda, pero puede controlar sus propios pensamientos y acciones.

Una de las claves para tener una vida exitosa es aprender a controlar sus propias reacciones y siempre recordar que usted es responsable de lo que piensa, hace y habla.

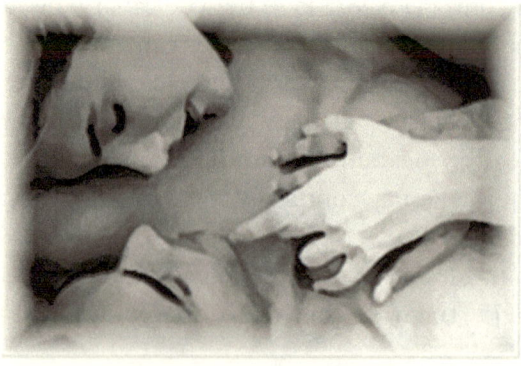

▶ Cuando se trata de "Hacer el amor": entréguense completamente el uno al otro, jueguen juntos con interés y entusiasmo. Hagan de su historia de amor una aventura de, amor y entrega. Ambos estarán más satisfechos, y más unidos.

▶ Mañana cuando se despierte, y de aquí en adelante, dígase a usted mismo: Hoy, y los días por venir, haré algo especial para colocar una dulce sonrisa en   el rostro de mi pareja.

▶ Ahora, cuando AMBOS hagan lo mismo… ♥♥♥♥♥

▶ Ambos estarán sonriendo.

Anatomía y Fisiología Sexual

Solo se proporcionará una descripción básica y fácil de entender para fines de esta presentación.

<u>Anatomía sexual del varón:</u> El órgano copulador y reproductor del hombre tiene una parte visible que es, el pene y las bolsas escrotales, donde se ubican los testículos. Internamente se encuentran los canalículos que comunican los testículos con el pene y con el exterior.

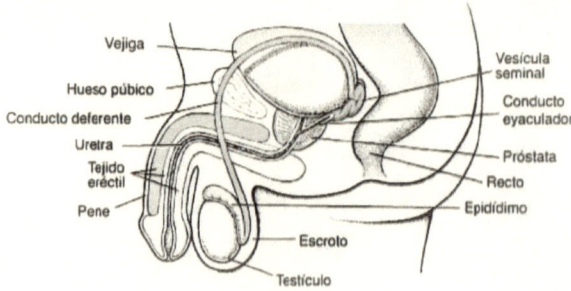

También encontramos la próstata en la base de la vejiga que también tiene importantes funciones sexuales.

Los testículos son los encargados de producir la hormona masculina llamada testosterona, además de formar los espermatozoides que serán expulsados durante la eyaculación.

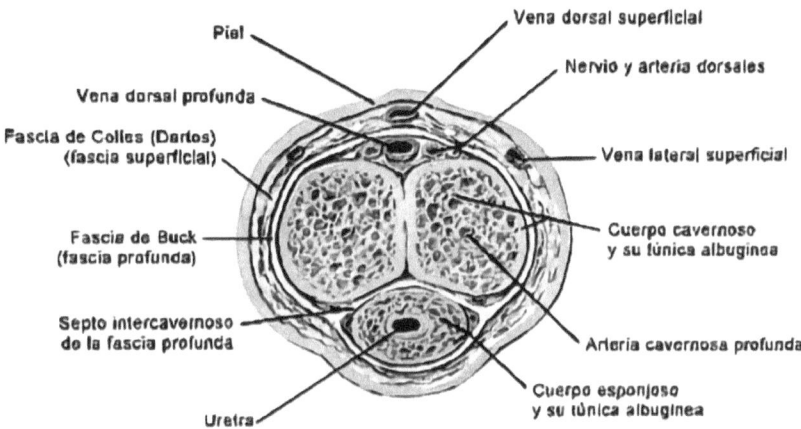

Una sección tangencial del pene muestra los cuerpos cavernosos y esponjosos que, cuando se llenan de sangre, se produce la erección. En la línea media encontramos la uretra, conducto por el que se elimina la orina y también los espermatozoides durante la eyaculación.

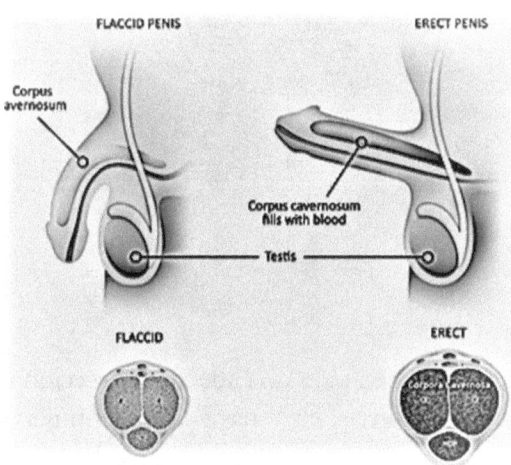

Durante la estimulación sexual (visual, auditiva, táctil, gustativa, olfativa o simplemente algún pensamiento erótico), habrá un aumento del flujo sanguíneo al pene, hacia los cuerpos cavernosos. Esto producirá la erección.

Simultáneamente, durante la estimulación, comienza a producirse líquido seminal y esperma. A medida que continúa la estimulación sexual, puede comenzar a liberarse algo de líquido seminal con esperma. Durante el clímax, se producirá la eyaculación con una expulsión repentina de los espermatozoides y el líquido seminal.

En general, un hombre se excita sexualmente con mayor facilidad y rapidez que una mujer.

La naturaleza física e instintiva puede prevalecer con frecuencia sobre los aspectos racionales o emocionales. Varias son las razones que incluyen: el alto nivel de testosterona, el instinto de procreación para la preservación de la especie, además del condicionamiento cultural.

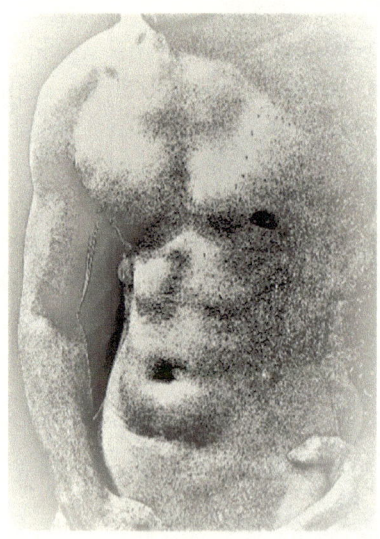

Varios factores intervienen para una adecuada erección del pene:
- Anatómico: las arterias, las venas y la función nerviosa.

- Psicológico: ansiedad, depresión, autoestima,
- Situacional: relacionado con la pareja, relacionado con el desempeño,
- Funcional: endocrino (nivel de testosterona).

Anatomía sexual de la mujer: La vulva es el término global que describe todas las estructuras que forman los genitales externos femeninos.

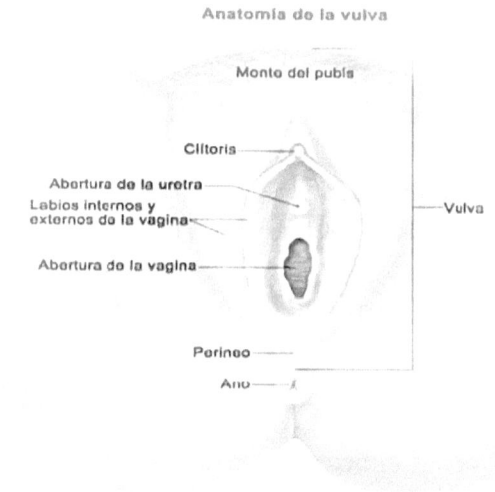

Los componentes de la vulva son el monte del pubis, los labios mayores, los labios menores, el clítoris, las glándulas de Bartholini, las glándulas de Skene, la uretra y la abertura vaginal.

Al final del canal vaginal se encuentra el cuello uterino (el extremo inferior y estrecho del útero que forma un canal entre el útero y la vagina).

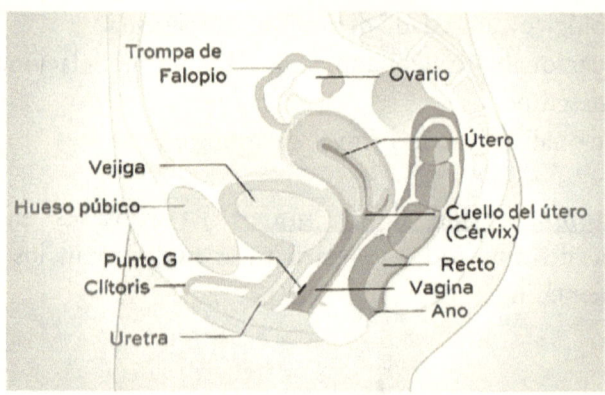

La excitación y estimulación sexual, en las mujeres, conduce al incremento de la secreción de fluido vaginal lubricante y, los músculos pélvicos se relajan, facilitando la penetración. El clítoris se llena de sangre, además de un incremento del flujo sanguíneo a toda la pelvis.

El clítoris puede hincharse y volverse más sensible.

El aumento en el nivel de excitación sexual tiende a ser más lento para las mujeres que para los hombres, pero puede permanecer, en un nivel alto de excitación, por períodos de tiempo considerablemente más largos, lo que permite la posibilidad de orgasmos múltiples.

En general, el componente emocional del deseo sexual tiende a ser mucho mayor en las mujeres que en los hombres.

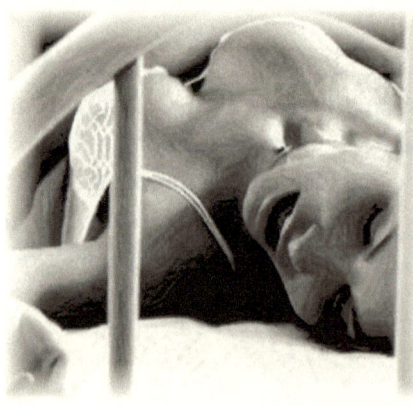

A medida que continúa la excitación y la estimulación sexual, puede ocurrir un orgasmo.

Un orgasmo es la serie de contracciones musculares en la región genital que se acompaña de una liberación repentina de endorfinas.

Un orgasmo es la sensación física y emocional que generalmente se experimenta en la cima de la excitación sexual.

Esta maravillosa experiencia se describe de varias maneras, que incluyen: "Una liberación desinhibida del control y la autoconciencia", "Es una acumulación de tensión que arquea la espalda y dobla los dedos de los pies, casi como una sensación de apretar los puños,

y justo cuando crees que no puedes resistir más, de repente toda esa tensión se libera y pulsa por todo tu cuerpo. Es el mejor alivio que haya", etc., etc.

RELACIONES SEXUALES DURANTE PERIODOS ESPECIALES:

▶ **Durante el embarazo:** Se puede tener relaciones sexuales, durante todo el embarazo hasta poco tiempo antes del día del parto, sin que exista riesgo significativo para el bebé, o para el mismo embarazo; siempre y cuando el embarazo sea normal.

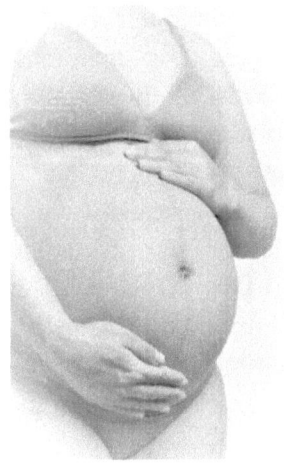

Como se puede entender, por razones logísticas, a medida que avanza el embarazo y crece el útero, el hombre ya no podrá recostarse en su pareja, y la opción será aproximarse desde una posición frontal sin presionar su abdomen, desde atrás, o desde un lado. En cualquier caso, será recomendable consultar con el Obstetra quien determinará si el embarazo es normal y si no existen riesgos para cada caso.

▶ **Durante la menstruación**: Excepto por las posibles molestias, para ella, durante sus períodos como dolor o distención abdominal; o en el caso de que a él le cause disgusto la presencia de sangre en la vagina; no existe contraindicación de salud para tener relaciones sexuales durante la menstruación.

El riesgo de embarazo durante este tiempo es mucho menor. Tener relaciones sexuales durante la menstruación depende de la preferencia de la pareja.

La mayoría lo considera normal y aceptable.

▶ **Sexo después de la menopausia**: La pareja puede disfrutar de las relaciones sexuales prácticamente durante toda la vida adulta, la edad no es una limitación por sí misma. La menopausia ocurre cuando las mujeres dejan de producir la hormona femenina llamada estrógeno. Puede ser natural o después de una cirugía que extirpe los ovarios. Como resultado de la falta de hormonas femeninas, pueden ocurrir varios cambios como el cese de la menstruación, la imposibilidad de quedar embarazada, algunos cambios emocionales, sofocos, disminución de la secreción de fluidos vaginales, etc.

La baja del nivel de estrógeno pueden ser una causa de disminución del apetito sexual (libido), así como resequedad vaginal. Si esto le impide disfrutar del sexo, consulte con su médico al respecto. Por otro lado, hay mujeres que aumentarán su deseo sexual, nivel de excitación y satisfacción cuando comprendan que no tienen riesgo de quedar embarazadas y que ya no tendrán más sangrado vaginal.

Fantasías Sexuales

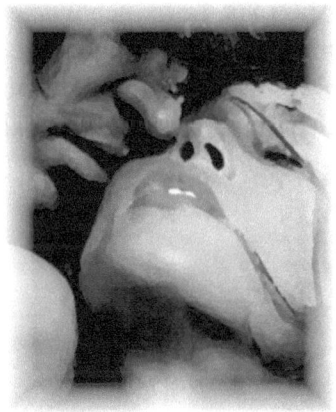

La fantasía es un sueño, es algo imaginario, no real. Como en los sueños, uno no tiene control sobre ellos se puede dejar volar la imaginación libre y sin censura. Una fantasía sexual es cualquier imagen, pensamiento o historia mental que le produzca excitación sexual. Es el soñar despierto con pensamientos eróticos que proporcionen excitación sexual en la persona que lo imagina. Lo mejor de las fantasías es que no tienen que mezclarse con la ética y las creencias de la vida real. La mayoría de estas fantasías se referirán a situaciones o actividades sexuales que el individuo puede no haber experimentado nunca y que, por lo general, no tiene la intención de convertirlas en realidad. Sin embargo, siempre que la fantasía sea consensual, voluntaria, y de mutuo acuerdo, la pareja puede optar por realizarla. No importa cuál fuese tu sueño en el mundo de las fantasías, recuerda que tus pensamientos privados no te definen y que puedes permitirte tener fantasías sexuales que no entren en conflicto con lo que tú crees y eres en la vida real. Tu fantasía es imaginaria, hasta que, o a menos que, elijas convertirla en realidad. Ya sean fantasías tímidas o salvajes, la imaginación sexual puede contribuir positivamente al placer, la alegría y la emoción.

Tener fantasías sexuales puede ser una actividad positiva e inofensiva a menos que interfieran negativamente con la conducta de la persona o que ésta sea la única fuente de estimulación sexual.

Las fantasías pueden ser provocadas voluntariamente en la mente de la persona, así como aparecer involuntariamente. Otras veces, el ensueño erótico son imágenes que el individuo quiere recrear en su mente.

Los ejemplos de fantasías sexuales pueden incluir:
- Tener sexo con un extraño,
- Tener actividades homosexuales,
- Sexo en lugares inusuales,
- Sexo con múltiples parejas al mismo tiempo,

- Ser tomado por la fuerza,
- Recordar contactos sexuales anteriores,
- Sexo en grupo,
- Sexo dominando a la pareja,
- Sexo en público con riesgo de ser atrapado,
- Sexo con los ojos vendados,
- Disfrazarse para el sexo,
- Jugar asumiendo un rol (personaje).

Algunas personas se preocupan por el contenido de sus fantasías, incluso pueden sentirse culpables de imaginar ciertas cosas. Pudiese haber algunos conflictos culturales y morales sobre las fantasías.

Las personas deben saber que, siempre que sean imaginarios y aumenten su placer sexual, pueden sentirse libres de disfrutarlos.

Compartir su fantasía o no, es una decisión personal, pero tenga en cuenta que es posible que la pareja no comprenda ni aprecie el contenido de esta. Por otro lado, si hubo una "Fantasía" que ambos, en la pareja, quieren convertirla en realidad, si no produce daño a sí mismos ni a terceros, entonces disfrutenla.

Las fantasías sexuales son muy personales, solo el individuo que está teniendo la fantasía sabe de su existencia, en general y, en la gran mayoría de los casos, es mejor que permanezcan muy íntimos y privados.

Compartir abiertamente las fantasías sexuales puede provocar malentendidos innecesarios, celos o rencores con su pareja.

Sin embargo, en algunas ocasiones compartir fantasías sexuales con su pareja puede ser positivo y aumentar el deseo sexual de ambos. Queda usar el buen juicio para saber cuándo y qué fantasías compartir.

XVI

Descubriendo tu Cuerpo

Muchas mujeres han pasado por muchos eventos, incluido dar a luz a sus hijos sin saber "cómo se ve ahí abajo."

¿Por qué es importante conocer tu propio cuerpo y cómo se siente al tocar ciertas partes? Es una buena idea descubrir, si todavía no lo hiciste, cómo se siente tocar determinadas partes de tu cuerpo y con diferentes tipos de estímulos.

Marcela (nombre imaginario) nos cuenta algo sobre su experiencia de autodescubrimiento:

"Un buen día decidí, en la privacidad de mi propio dormitorio, observar mis partes más íntimas. La temperatura de la habitación era agradable, decidí desnudarme por completo, encontré un pequeño espejo y procedí a sentarme en la cama con las piernas abiertas y el espejo reflejando mis áreas privadas, fue una experiencia muy linda y pude identificar todas las partes, el clítoris, los labios y el canal vaginal. Con mi dedo lubricado toqué cada una de estas partes. Noté una agradable sensación cuando deslicé suavemente mis dedos por mis labios vaginales. Me gustó particularmente cuando, con firmeza, presioné el clítoris. Probé de todo, introduje, primero uno, y luego varios dedos en mi vagina, incluso probé con un dedo en la puerta trasera. Aunque estaba sola, me reí y me divertí mucho. Tomé más tiempo en algunas áreas porque se sentía delicioso. Noté algo interesante cuando metí dos dedos dentro de mi vagina y los apreté. Sentí la fuerza de estos músculos en los lados de los dedos, y de la misma manera se sintió bien en mi vagina. Más tarde aprendí que fortalecer estos músculos puede aumentar mi placer y el de mi compañero... Me propuse hacer este ejercicio con regularidad, JAJAJA. Cuando me di cuenta, habían pasado dos horas."

Podías explorarte a ti mismo, como lo hizo Marcela, y él también podía explorar otras áreas de su cuerpo.

Uno de los órganos más grandes del cuerpo es la piel. Toca y acaricia todas las partes que están a tu alcance y tu imaginación lo permite, luego mira cuáles son las zonas más sensibles, puedes volver a ellas o decirle a tu pareja que lo haga por ti.

Masturbación

Es la estimulación erótica de los propios órganos genitales que comúnmente resulta en el orgasmo. Por lo general, se puede lograr mediante la manipulación de los genitales u otras partes del cuerpo.

La mayoría de las veces se acompaña de fantasías sexuales y tiene como finalidad la auto gratificación sexual.

Hablar de este tema a veces resulta bastante difícil, algunas personas pueden incluso considerar la masturbación como algo "prohibido, malo o sucio." Bueno, si Ud. ha llegado a esta parte del libro, probablemente sea porque tiene el deseo de aprender más y abrir las puertas al conocimiento sobre la sexualidad saludable.

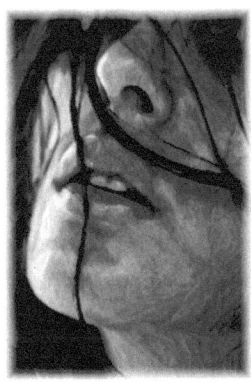

La mayoría de los hombres y mujeres, en un momento u otro, han practicado la masturbación. La masturbación se considera una actividad normal en el desarrollo de la sexualidad humana. Los estudios muestran que alrededor del 90% de los hombres y el 63% de las mujeres se han masturbado regularmente en alguna etapa de su vida.

Las funciones de la masturbación no se limitan al alivio del estrés en ausencia de una pareja, sino que también permiten que las personas conozcan mejor sus preferencias. Pueden desarrollar técnicas más agradables a través de la experimentación personal.

Hay muchos mitos y desinformación sobre la masturbación. A muchos, de jóvenes, se les dijo que masturbarse puede causar ceguera, locura, que debilita a la persona, no deja que la persona se concentre, que le da dolor de cabeza, etc., etc. Por supuesto, toda esta información es falsa.

Es importante comprender que la masturbación no causa ningún problema a menos que vaya en contra de la propia moral del individuo y lo afecte negativamente.

La masturbación puede ser una excelente oportunidad para la autoeducación.

La actitud hacia la masturbación debe ser abierta y tranquila, descartando sentimientos de ansiedad y culpa.

El autoerotismo no se limita a la estimulación de sus genitales. Existen otras experiencias autoeróticas como: tomar un baño prolongado con sustancias aromáticas, sentir la suave brisa sobre la piel bañada por el sol tendida junto al océano, sentir las gotas de lluvia en tu rostro en un día caluroso de verano, etc.

Quienes acepten la masturbación como un acto natural podrán sentirse tranquilos y disfrutarla de forma individual o compartida.

Masturbarse mutuamente puede ser algo placentero y, además educativo, puede aumentar el disfrute sexual con su pareja.

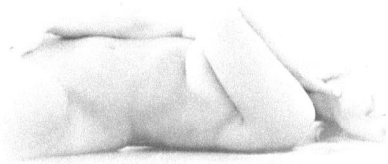

Masturbarse, sin sentimientos de culpa, puede ayudar a las personas a sentirse liberadas para expresar su sexualidad.

Además, la masturbación puede ser una alternativa al coito para la pareja, en situaciones especiales como: en la última etapa del embarazo, posparto, si se está convaleciente por motivos de salud, o incluso en caso de agotamiento físico excesivo.

La masturbación puede ser una experiencia positiva para la persona, pero no se considera indispensable en el desarrollo de la sexualidad para el individuo o la pareja, es simplemente opcional.

Derecho A La Satisfacción Sexual:

La capacidad de lograr el placer depende principalmente de la actitud y la predisposición mental de cada persona, depende de sí misma. Todos tienen el derecho a experimentar placer sexual.

Todos deberían entender que disfrutar de la sexualidad y lograr el placer es beneficioso, físicamente, mental y emocionalmente.

Puedes procurar fantasías eróticas, libérate para pensar en cualquier cosa que te excite sexualmente. Vive tu momento de placer.

Solo frotar el área genital pudiera no dar estimulación sexual, combina el acariciar múltiples zonas erógenas, entretén fantasías sexuales y entrégate a la busca del placer sexual deseado. Es como trabajar con un objetivo concreto en mente.

Sexo Oral

Es la actividad sexual en la que los genitales de una pareja son estimulados por la boca de la otra; se llama felación cuando se realiza a un hombre y cunnilingus cuando se realiza a una mujer.

Cuando hay amor en la pareja, ambos buscan complacerse, por lo que dar placer a la pareja dará mucha satisfacción tanto al que da como al que recibe.

La mayoría de la gente parece aceptar y disfrutar del sexo oral, sin embargo, todavía hay unos pocos que, por falsos miedos y desinformación, lo ven como algo "malo" (que no lo es), y que, por el contrario, ayuda al vínculo y complementación de la pareja.

Sin embargo, cabe mencionar que el sexo oral, al igual que otras formas de manifestación sexual, son opcionales para cada pareja y para cada individuo.

No existe una "receta" que funcione para todos, ya que cada persona es diferente, pero ser suave y lento, acercándose desde las zonas de menor sensibilidad hacia las zonas más erógenas puede ayudar.

Si bien la comunicación es la base de una experiencia positiva en la intimidad, a veces tratar de "explicar" en el momento del acto sexual puede resultar contraproducente.

El estar dando instrucciones en el momento de la intimidad puede afectar la fluidez y provocar distracción.

El refuerzo positivo cuando algo se siente placentero, mediante gestos o comentarios breves puede ser muy positivo.

Otra alternativa será el compartir gustos y disgustos antes o después del acto sexual.

El sexo oral puede aumentar el placer sexual en gran medida, y la mayoría de las parejas disfrutan dándolo y recibiendo.

"Mi adorable dama,
tu sensualidad me embriaga y, tu aroma
me enloquece gratamente.
Cuando coloco mi cabeza entre tus piernas desnudas y
bien contorneadas, cuando mis labios tocan tus tiernos
labios genitales,
cuando mi lengua frenética explora tu interior y
saborea tus dulces fluidos, cuando te escucho gemir y,
te siento temblar llena de placer…
no solo me pongo inmensamente excitado,
pero también me siento feliz
de saber y sentir profundamente que eres mía…
oh dulce amada.

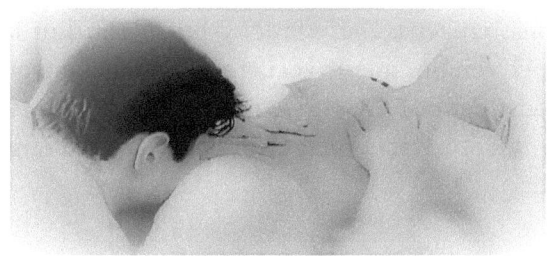

El sexo oral en la pareja, no solo les ayuda a disfrutar de más placer sexual, también puede incrementar el vínculo al compartir algo tan íntimo.

<u>Sugerencias útiles para darle sexo oral a el:</u>

◊ El sexo oral va más allá de concentrarse solo en el pene.

◊ Además de usar la boca, los labios y la lengua, puede usar las manos para estimular simultáneamente otras partes de la región genital o del cuerpo.

◊ El aspecto psicológico y emocional es bastante importante. Recibir sexo oral, para él, puede significar aceptación, pasión, amor, entrega, deseo y manifestación de querer satisfacerlo, bueno… es muy positivo.

◊ Las zonas erógenas más sensibles pueden incluir la cabeza del pene, el frenillo, que se encuentra inmediatamente debajo de la cabeza del pene, y el rafe medio que corre a lo largo de la parte inferior, y también el perineo, la parte entre el ano y el pene.

◊ La estimulación de todas estas zonas erógenas traerá más placer a su pareja, puede mordisquear, besar, lamer, chupar suavemente, deslizar suavemente su lengua y labios, frotar, etc. Lubricación puede aumentar la sensación placentera. El pene puede soportar bastante presión local, frotamiento e incluso "bofetadas" suaves, pero los testículos son más delicados al trauma local y necesitan un manejo más delicado. El pene es particularmente agradablemente sensible a los apretones.

◊ Inicialmente puedes besar y acariciar toda el área genital para finalmente terminar en el pene. Piense en el pene como su "Piruleta" favorita, y deléitese saboreándolo, lamiendo, besándolo y chupándolo suavemente.

◊ Finalmente, cuando proceda a meter el pene en la boca, evite rasparlo con los dientes, esto se consigue invirtiendo los labios un poco hacia adentro y abriendo la boca lo suficiente para evitar el contacto de los dientes contra el pene.

◊ Con buena lubricación y aspiración constante, deslice adentro y hacia afuera.

◊ Simultáneamente, con su lengua, puede acariciar la parte inferior del pene.

◊ Al mismo tiempo, puede acariciar, con sus manos, los glúteos de su pareja, acariciar los testículos con delicadeza, y ejerciendo una suave presión.

◊ También puede usar su mano en la base del pene atrapando suavemente alrededor de él, formando una especie de "túnel." Con una buena lubricación puede deslizarse hacia adentro y hacia afuera, haciendo un "túnel" más largo de esta manera. Esta variante también tiene la ventaja de que permite a las mujeres ejercer un mejor control en la profundidad de la penetración del pene en la boca.

◊ Cuando se sienta más audaz y quiera darle una sorpresa a su pareja masculina, puede masajear su próstata. Para lograrlo, lubrique bien un dedo e insértelo lentamente en su ano; la próstata está a unos 5 cm. 2 inches de profundidad hacia la pared anterior. Puede aplicar presión directamente y frotar en pequeños círculos.

◊ Acerca de el semen. Es el líquido blanquecino viscoso del aparato reproductor masculino formado por espermatozoides suspendidos en las secreciones de las glándulas accesorias (como la próstata y las glándulas de Cowper). Es opcional, tanto si la dama quiere tragarlo como si no. Muchas parejas disfrutan haciéndolo de esta manera porque sienten que aumenta el grado de intimidad, pero otras parejas prefieren no hacerlo.

◊ En cuanto a la posición, cualquier posición que elija funcionará, siempre que ambos se sientan cómodos.

◊ Sobre la profundidad, el hombre debería ser considerado de penetrar solo lo que la pareja tolere, y lo mejor sería si la dama tuviera el control en este asunto, dependiendo de qué tan sensible sea su reflejo del vomito. Las mujeres pueden aprender a controlar este reflejo. La satisfacción del sexo oral no solo depende de la profundidad.

◊ El sexo oral es una manifestación de amor y lujuria, idealmente ambos lo disfrutarán, dando, así como recibiendo.

◊ El sexo oral puede ayudar a lograr una mejor erección del pene, y lograr un orgasmo sin penetración. Cuando se siente agotado el sexo oral, junto con la estimulación manual, puede ser una muy buena manera de darle placer sexual a su ser querido.

Información útil para darle sexo oral a ella:

♥ Darle sexo oral a su dama es una de las cosas más maravillosas que puede hacer por ella. Le hace sentir amada, admirada, sexy y, por supuesto, puede ayudarla a alcanzar un orgasmo.

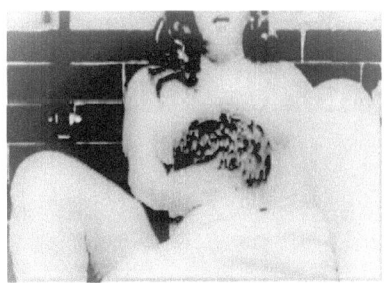

♥ Algunas mujeres se alegran de saber que a su pareja le resulta "delicioso."

♥ En general, las mujeres son tímidas cuando se trata de su propio cuerpo, será bueno que se sienta lo suficientemente confiada como para relajarse y disfrutar, además de permitir que su pareja coloque cómodamente su cabeza entre sus piernas. (Él podría necesitar afeitarse previamente)

♥ La mayoría de las mujeres aprecian las palabras dulces y afectuosas durante la intimidad, otras prefieren tonos más atrevidos, pero en general las mujeres son más receptivas al "amor verbal" que los hombres.

♥ El clítoris suele ser la parte más sensible para la mayoría de las mujeres. Ese pequeño bulto carnoso sobre la abertura de la vagina está lleno de terminaciones nerviosas que la hacen muy sensible al tacto.

♥ La lubricación puede aumentar el placer.

♥ Algunas mujeres coinciden en que "casi todo lo que hace se siente muy bien" si la atención comienza con la delicadeza inicial y luego, progresiva y lentamente, aumenta en intensidad. Puede sentirse muy agradable cuando lame, besa y chupa los labios, la entrada a la vagina, el clítoris y el área anal.

♥ Cualquier posición que sea cómoda para ambos será la adecuada. Como sugerencia: Puede acostarse en el borde de la cama, de forma transversal, mirando al techo, y con las rodillas dobladas y separadas, él se posiciona en el borde de la cama y tiene acceso directo a toda la zona.

También tiene las manos libres para acariciarla.

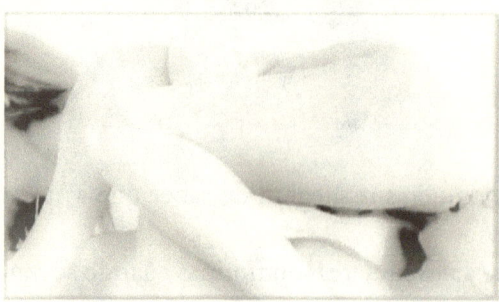

♥ La posición "69" (la cabeza de uno entre las piernas del otro simultáneamente) permitirá que ambos se den sexo oral. Cuando ella está arriba, puede controlar la profundidad y la fuerza de la penetración del pene en su boca. Acostarse de lado en la posición "69" es una posición más descansada para ambos. En definitiva, todo dependerá de la creatividad de ambos, y recuerden "todo vale."

♥ Algunas sugerencias para el uso de la lengua en su amada incluyen: Con la lengua relajada, deslícela de abajo hacia arriba lamiendo los labios hasta el clítoris, luego separando los labios vaginales con los dedos, ahora puede lamer toda el área expuesta. Al endurecer su lengua, podrá introducirla en la vagina, luego cuando ella ya esté más excitada lamerá el clítoris y combinará con succiones de todas las partes.

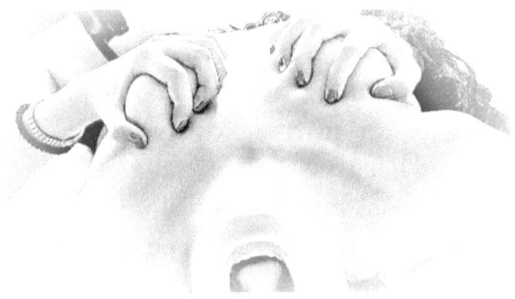

♥ Un estímulo agradable puede consistir en combinar la succión del clítoris, y simultáneamente con la lengua en un movimiento circular presionar contra el clítoris.

♥ Usando los dedos puede aumentar el nivel de excitación (asegúrese de estar con las uñas cortadas o use guantes de látex), introducirlos (uno, dos o más según lo permita la pareja) en la vagina lubricada luego, palma hacia arriba , haga un movimiento rítmico de flexión hacia adelante del dedo para estimular el punto G (en la pared anterior de la vagina, aproximadamente 4 cm. de apertura vaginal). Esta zona es rica en terminaciones nerviosas.

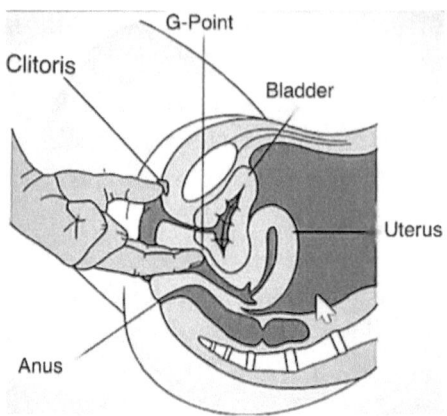

♥ Como aditivo, puede acariciar el ano que pudiera incrementar el nivel de placer para algunas personas. Inicialmente en forma delicada, circularmente en la entrada, luego, y con buena lubricación, insertar un dedo. Primero sin moverlo, y luego moviéndolo con delicadeza en un movimiento circular, además de deslizarlo hacia adentro y hacia afuera.

♥ ¿Cuánto tiempo debo hacer sexo oral? Hasta que ella le diga que interrumpa.

♥ Algunos preferirán tener luz tenue, otros indican que quieren suficiente luz para ver el cuerpo de su amada.

♥ Para disfrutar más, él podría prestar atención a los mensajes de ella. Estos mensajes ya sean verbales o por sus gemidos, o por la profundidad de su respiración, o sus movimientos. Cuando ella parece mostrar aceptación, verbalizándolo o mostrando acciones como levantar las caderas hacia el foco de los estímulos, o presionar sus genitales contra él, la pareja puede intentar continuar con el mismo estímulo para elevar aún más su nivel de placer.

El sexo oral puede ser una de las experiencias más emocionantes para la pareja. Concéntrese en el placer de su pareja y haga de este encuentro una experiencia memorable. Practiquen con frecuencia, sean receptivos a las señales de retroalimentación y disfrútenlo plenamente.

Posiciones Sexuales

Es de suma importancia, para el beneficio de la relación, mantener un alto nivel de interés en la intimidad y mantener vivo el fuego de la pasión. Muchos factores que ayudan en esta tarea incluyen:
- Espontaneidad,
- Variabilidad,
- Creatividad y, sobre todo
- la sensación de Libertad de poder sugerir y proceder con innovaciones en "los juegos de cama" en su propia privacidad.

En el "Kama Sutra", un antiguo texto en sánscrito indio sobre la sexualidad, el erotismo y la realización emocional en la vida, se afirma que hay más de 500 posiciones posibles para hacer el amor. Según esta fuente, la única limitación está en la imaginación de la pareja, y la condición física de la misma.

La curiosidad, la creatividad, la voluntad de probar cosas nuevas, la espontaneidad, la confianza, el sentido de aventura, las preferencias personales, la imaginación viva pueden ayudar a que usted se permita probar y disfrutar de diferentes posiciones.

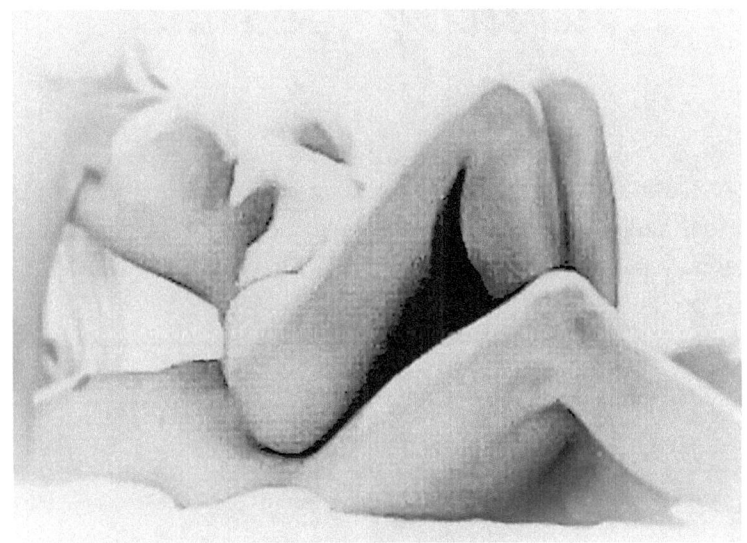

Juguetes Sexuales

Es posible que, al usar juguetes sexuales, expandiendo los límites de la sexualidad, puedan estimular los sentidos, excitar deseos, cumplir fantasías y pasar horas de placer en un nuevo mundo que Ud. y su pareja pueden crear.

Una mejor vida sexual depende de tener creatividad, confianza, comunicación abierta y variedad "en el dormitorio." Expandiendo los límites de la intimidad, para la pareja, puede ser un viaje divertido y agregar placer para ambos.

[]

A menudo existe una resistencia a la idea de incorporar "juguetes sexuales" en la relación. Entre algunos falsos mitos tenemos:
- "Puedo volverme adicto a los juguetes sexuales."
- "Ya no podré disfrutar y tener un orgasmo sin el uso de juguetes."
- "Es solo para mujeres solitarias."
- "Puede reemplazar la necesidad de una pareja."

Los terapeutas sexuales afirman que, en tantos años de práctica, no han visto problemas como estos.

Una de las cosas más fascinantes de la sexualidad humana es la capacidad de tener creatividad y variedad. Una sana curiosidad forma parte del ser humano

Los "juguetes sexuales" pueden ser una adición positiva en el arte de hacer el amor para la pareja. Pueden abrir la puerta y usarlos para aumentar la variedad, la picardía, etc. para romper la monotonía que suele ocurrir en muchas parejas.

Existe una amplia variación de juguetes para adultos, entre los que se encuentran:
- Juguetes de penetración: Dildos (de la palabra italiana "dileto" que significa deleite), Dongs, Balls, etc.
- Juguetes vibradores: para penetración o uso externo.
- Anillos de pene
- Cremas, lubricantes, etc.

La incorporación de "juguetes sexuales" en la relación puede requerir de una buena comunicación sobre las preferencias, gustos y disgustos de la pareja, de modo que, de una manera abierta y desinhibida, ustedes dos puedan darse placer el uno al otro.

Videos Explicitos:

El uso de "videos explícitos para adultos" puede ser otra adición interesante y positiva, siempre que mantengan la mente abierta y lo vean como una mera distracción.

La pornografía, impresa o visual, es el material que contiene la descripción o exhibición explícita de órganos o actividades sexuales, con la intención de estimular sentimientos eróticos en lugar de estéticos o emocionales. La mayor parte de este tipo de material se produce pensando en los hombres, pero también se pueden encontrar algunos producidos para mujeres.

Asimismo, considere que también hay material de mala calidad, por lo tanto, trate de ser selectivo en su búsqueda. Hoy en día, desde la privacidad de su hogar, a través de Internet pueden comprar estos y muchos otros materiales relacionados con el sexo.

Lo más importante para que este tipo de material sea de ayuda para la pareja, es que ambos tomen la decisión de expandir el descubrimiento en su sexualidad.

De forma desinhibida, con confianza, con sincero interés y con las puertas abiertas a la comunicación, la pareja puede emprender un viaje de descubrimiento por diversión y placer.

Pueden convertirlo en un proyecto que juntos lo harán para deleitarse mutuamente.

Métodos Anticonceptivos

El sexo exclusivo para procrear está en el pasado, hoy un embarazo se puede planificar.

Hay varios métodos que, según las preferencias personales, se pueden elegir. Este capítulo enumera los métodos comunes que pudieran estar disponibles.

En última instancia, la decisión sobre el método anticonceptivo optimo que la pareja elija se hará entre ellos y su médico.

Recordemos que para que el embarazo ocurra, los espermatozoides producidos por el hombre y los óvulos producidos por la mujer, durante su período de ovulación, deberán unirse en uno. Luego, el óvulo fertilizado se deposita y se desarrolla dentro del útero.

Los métodos anticonceptivos están destinados a evitar este fenómeno natural.

La ovulación ocurre aproximadamente 14 días antes de la menstruación.

Métodos anticonceptivos comunes:
1. Abstinencia
2. Preservativo (condón)

3. Implante anticonceptivo (Implanon y Nexplanon)
4. DIU (dispositivo intrauterino como Mirena)
5. Píldora anticonceptiva
6. Anticonceptivo inyectable (Depo-Provera)
7. Esponja anticonceptiva (Today sponge)
8. Anillo anticonceptivo vaginal (NuvaRing)
9. La lactancia materna como método anticonceptivo
10. Capa cervical (FemCap)
11. Espermicida
12. Esterilización quirúrgica femenina
13. Vasectomía (esterilización masculina quirúrgica)
14. Parche anticonceptivo (como Ortho Evra)
15. Coitus interruptus "Terminar afuera"
16. La píldora para después del sexo
17. Essure fue diseñado para bloquear permanentemente las trompas de Falopio en las mujeres. (No disponible desde el 2019)

Abstinencia:

Con fines anticonceptivos se refiere a evitar la penetración del pene en la vagina. No sexo, no embarazo.

El Metodo Del Ritmo:

Este método no es muy seguro y asume que la mujer tiene períodos regulares, y ovula en un tiempo predecible del ciclo. Una forma sencilla de calcular: A partir de la fecha prevista en que comenzará la próxima menstruación reste 20 días, a partir de esa fecha evite las relaciones sexuales durante los próximos 10 días que son las que tienen mayor riesgo de embarazo.

Un cálculo más preciso: dentro de los últimos 6 a 10 períodos, determine la duración de su ciclo menstrual más corto. Reste 18 del número total de días en su ciclo más corto. Este número representa el primer día fértil, por ejemplo, si su ciclo más corto es de 26 días, reste 18 de 26, lo que equivale a 8. En este ejemplo, el primer día de su ciclo es el primer día de sangrado menstrual y el octavo día de su ciclo es el primer día fértil. Luego, determine la duración de su ciclo menstrual más largo y réstele 11. Por ejemplo, si su ciclo más largo es de 32 días, reste 11 de 32, lo que equivale a 21. En este ejemplo, evite el sexo entre los días 8 y 21 por ser fértiles.

Preservativo:

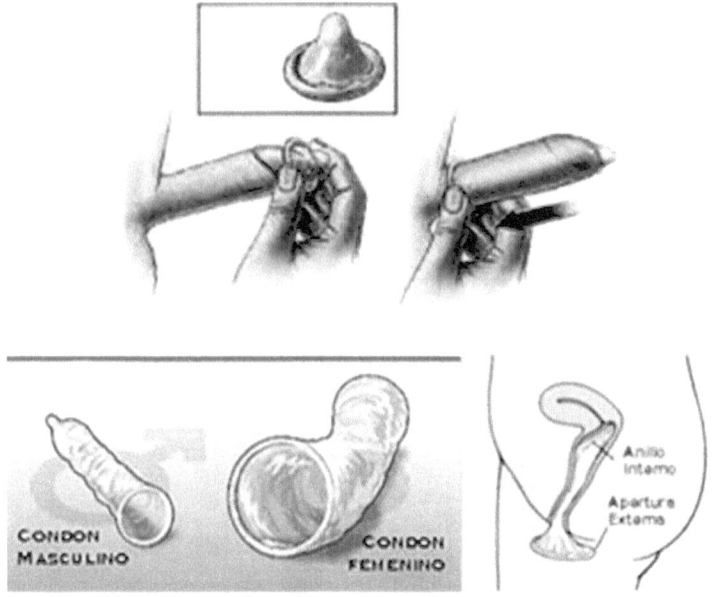

La aplicación del condón antes del acto sexual, antes de la penetración, protege contra el embarazo y las enfermedades venéreas.

Implante Anticonceptivo:

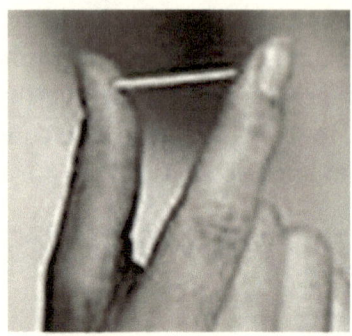

Un tubo de plástico se coloca en el brazo debajo de la piel, libera una hormona progestina y Evita la ovulación además de formar un moco espeso que evita que los espermatozoides entren al útero. Protege durante 3 años.

Dispositivo Intrauterino (Diu):

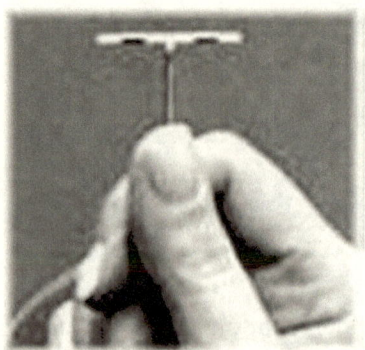

Durante la menstruación, el Ginecólogo, en su consultorio, inserta este dispositivo en el útero. Puede ser de cobre (Paragard) y puede funcionar de 5 a 10 años. El hormonal (Mirena) puede durar hasta 5 años. Evitan la liberación de huevos y previenen la im plantación en el endometrio (revestimiento interno del útero). Puede causar sangrados irregularidades, y las infecciones pélvicas pueden ser más severas. Suelen ser menos recomendable para las nulíparas (mujeres que no han tenido un parto anterior).

Parche Anticoceptivo:

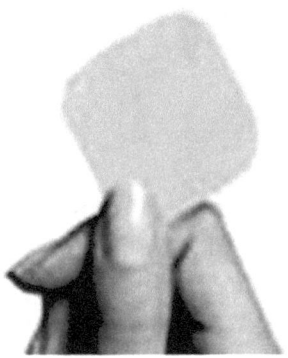

(Ortho-Evra) Se aplica una vez a la semana, y la cuarta semana es sin parche. La menstruación comienza en la cuarta semana y se procede a repetir esta de forma cíclica. Ventajas: Aplicación fácil y aplicación solo una vez por semana. Desventajas: En algunas personas puede irritar la piel, puede ser visible según donde se aplique, en raras ocasiones, sobre todo en personas que sudan mucho podría desprenderse. Como ocurre con la mayoría de los productos hormonales, podrían causar efectos secundarios como los producidos por la píldora anticonceptiva. Aplicar el parche dentro de los primeros 5 días que comienza el período menstrual, luego cambie un parche nuevo cada semana durante 3 semanas y la cuarta semana no aplicar parche, luego reinicie el ciclo. La forma en que funciona es liberando hormonas que evitan la ovulación y la penetración de espermatozoides al útero.

La Píldora Anticonceptiva:

Este es un método bastante conveniente y efectivo. Vienen en paquetes de 21 o 28 días, comenzar la primera semana que comienza la menstruación y tomar una pastilla todos los días, preferiblemente a la misma hora para desarrollar una rutina. En paquetes de 21 días, cuando termine, espere una semana y comience un nuevo paquete. Aquellos de 28 días, inicien un nuevo paquete tan pronto como se termine el paquete usado.

Contienen hormonas y actúan previniendo la ovulación y evitando la penetración de los espermatozoides en el útero. Las píldoras anticonceptivas pueden causar coágulos, especialmente en las fumadoras.

Ventajas: Fácil de tomar, una tableta diaria, eficaz para prevenir el embarazo, si se toma correctamente, costo relativamente bajo. Puede ayudar a regular los períodos menstruales y disminuir la cantidad de sangre que se pierde durante la menstruación.

Desventajas: efectos secundarios potenciales que incluyen náuseas, dolor de cabeza, melasma (manchas en la cara), pequeño riesgo de formación de coágulos, sobrepeso, y es necesario tomarla diario sin olvidar.

Anticonceptivos Inyectables:

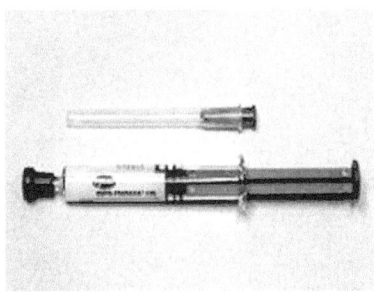

El medicamento se inyecta con un vial que contiene progesterona (DepoProvera).

y puede prevenir el embarazo durante 12 semanas. Actúa evitando la ovulación y formando un moco que evita que los espermatozoides entren en la matriz.

Esponja Anticonceptiva:

Fabricado con un material plástico esponjoso (Today Sponge), es necesario introducirlo profundamente en la vagina hasta 24 horas antes de tener relaciones sexuales, dejar actuar 6 horas después del acto sexual y retirarlo en menos de un total de 36 horas. Su eficacia oscila entre el 70 y el 90%. Menos eficaz en mujeres previamente embarazadas. Actúa cubriendo la entrada del esperma al útero.

Anillo Anticonceptivo Vaginal:

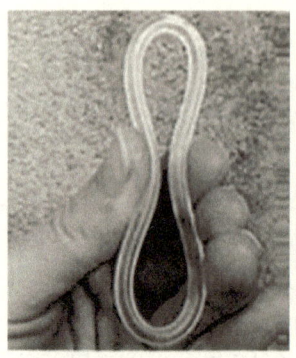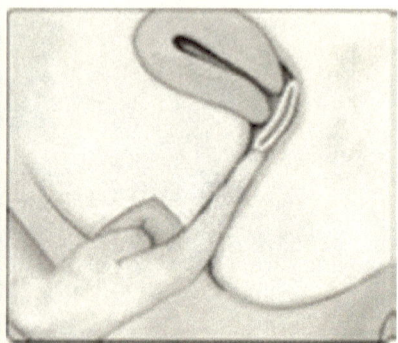

Ventajas: Fácil de aplicar, menos posibilidades de sangrado entre menstruaciones.

Desventajas: A algunas mujeres puede que no les guste la idea de poner un anillo de plástico en la vagina. Como todos los productos hormonales, rara vez puede tener algunos efectos secundarios, como los producidos por la píldora anticonceptiva. Se inserta en la vagina en los primeros cinco días que comienza el período menstrual. Necesita permanecer en su lugar dentro de la vagina durante 3 semanas, luego la cuarta semana (día 22 de haberlo insertado en la vagina) retírelo, una semana sin anillo y luego reinicie el mismo ciclo. Efectivo entre 91 y 99%. Libera hormonas que previenen la ovulación y forman un moco que cubre el cuello uterino.

Amamantamiento: (Dar de pecho)

Durante los primeros 6 meses después del parto, cuando la mujer amamanta, es probable que no tenga períodos ni ovule, por lo tanto, hay poco riesgo de embarazo. Pero, para mayor seguridad, se recomienda utilizar un método anticonceptivo adicional.

Cubierta Cervical (FemCap):

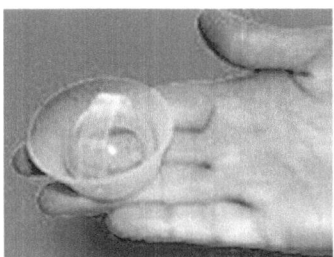

Utilizando una crema espermicida, como lubricante, introducirlo profundamente en la vagina antes del acto sexual, dejar actuar 6 horas después de la eyaculación. Es eficaz sólo en un 70 a un 86% de las veces. Actúa produciendo una barrera para la penetración de los espermatozoides al útero, y el espermicida destruye los espermatozoides.

Espermicida:

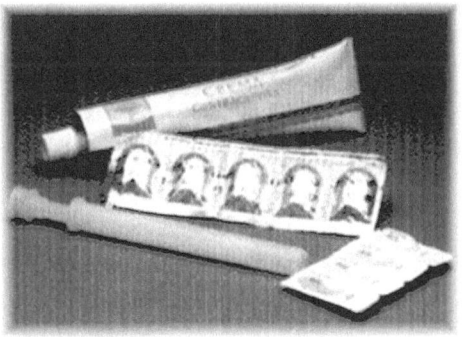

Sustancias químicas en crema, gel o supositorio vaginal que se introduce en la vagina antes de la penetración, su efecto dura solo una hora y no necesita ducharse hasta 6 horas después. Trabaja con sustancias químicas que paral izan el esperma impidiendo que avance hasta encontrar el óvulo. Solo son eficaces entre el 70 y el 85% de las veces y pueden causar irritación local.

Esterilización Quirúrgica Femenina:

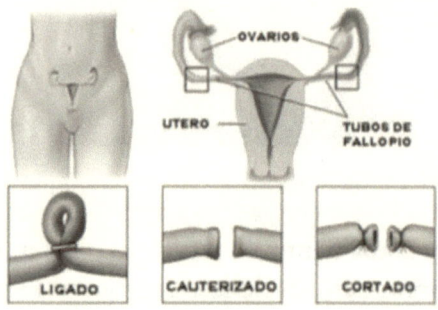

Por lo general, mediante laparoscopia, a través de una pequeña incisión en la pared abdominal, el trayecto de las trompas de Falopio se interrumpirá mediante ligadura, corte, quemadura o extirpación de una porción y así evitar la comunicación entre el óvulo y los espermatozoides. Es un método permanente, muy seguro pero invasivo y caro.

Vasectomia:

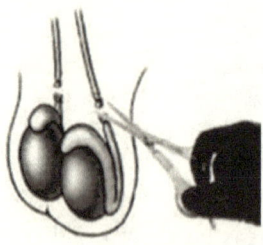

Procedimiento quirúrgico realizado en el consultorio del Urólogo, donde el Médico procederá a cortar el tubo (Vasdeferens)

que transporta los espermatozoides al tracto urinario durante la eyaculación. Por lo tanto, la eyaculación ya no tendrá espermatozoides y ya no podrá embarazar a su dama. Para mayor seguridad de la eficacia de la vasectomía, se deberá tener prueba de una eyaculación sin esperma. Mientras tanto, usen otro método anticonceptivo adicional. La vasectomía se considera un procedimiento permanente seguro y eficaz.

Hay muchas formas de prevenir el embarazo, y debe consultar con su médico para encontrar cuál es el método anticonceptivo más adecuado en su caso. A excepción del condón, los otros métodos anticonceptivos no ofrecen protección contra las enfermedades venéreas. Reitero que, en última instancia, **la decisión de elegir el mejor método anticonceptivo debe ser tomada por el individuo junto con su médico.**

Enfermedades Venéreas

Son las enfermedades que se transmiten por contacto sexual.

Esta sección no pretende dar ni diagnóstico ni tratamiento, solo información básica para alertar a la persona sobre cuándo podría ser conveniente consultar con el médico.

Después de tener relaciones sexuales sin protección (sin condón), los síntomas que sugieren que la persona podría tener una infección de transmisión sexual incluyen:

- Ardor al orinar
- Picazón o irritación de los genitales
- Mal olor en su área genital.
- Enrojecimiento anormal de sus genitales.
- Dolor al tener relaciones sexuales.
- Secreción inusual de la vagina o el pene, especialmente cuando es espesa, blanquecina o amarillenta.
- Aparición de llagas, úlceras, protuberancias en la piel y / o mucosas de la vagina, el pene o en las áreas circundantes.
- Dolor en la región pélvica.

Los síntomas pueden ser de aparición repentina o gradual, a veces incluso pueden ir acompañados de fiebre, escalofríos, náuseas, vómitos, postración y malestar general.

La condición conocida como "portador asintomático" es cuando la persona tiene la infección y, puede transmitir la enfermedad pero no presenta ninguna molestia.

Cuando se diagnostica una enfermedad venérea, incluso si la pareja no tiene molestias, igualmente, AMBOS deben ser tratados para evitar la reinfección.

Entre las enfermedades transmisibles sexualmente que tienen cura y tratamiento: Gonorrea, Sífilis, Clamidia, Tricomonas, y Hepatitis C.

Entre las que no tienen cura: el herpes genital, y el virus de la inmunodeficiencia (VIH). Para estas afecciones, hay tratamiento que mitigue la afección y los síntomas.

Existen otras afecciones que requieren tratamiento local como verrugas genitales y condilomas (con químicos locales, terapia de congelación, quema local de la lesión, etc.).

También cabe mencionar que no todas las enfermedades genitales son de transmisión sexual, por ejemplo, Candidiasis vaginal causada por Candida Albicans y Vaginosis causada por Gardnerella Vaginalis no se transmiten sexualmente.

Si sospecha una infección genital, consulte con su médico, ya que de no hacerlo podría empeorar y producir complicaciones que incluyen esterilidad (incapacidad para quedar embarazada), sepsis (infección en la sangre) o inclusive la muerte.

Cabe señalar que la monogamia (relación exclusiva entre dos personas) hace improbable la adquisición de una infección venérea.

XXIII

Patologías Sexuales

Las disfunciones sexuales son mucho más comunes de lo que la gente se imagina.

Según la revista de la Asociación Médica Estadounidense (AMA), en una entrevista con personas entre 18 a 59 años, se observó que la disfunción sexual era de hasta 43% en mujeres y 31% en hombres. También se vio que la mayoría eran casos tratables.

La disfunción sexual es un problema importante de salud y, con frecuencia, los problemas emocionales van asociados.

Entre los problemas sexuales con frecuencia reportados por los hombres tenemos: disfunción eréctil, eyaculación precoz y falta de interés sexual.

Entre las mujeres los problemas sexuales más frecuentemente reportados son: Falta de apetito sexual, problemas de estimulación, dificultades para alcanzar un orgasmo y condiciones dolorosas durante el acto sexual.

IMPOTENCIA SEXUAL:
(Disfunción eréctil)

La dificultad o imposibilidad de tener o mantener una buena erección del pene, de modo que permita el coito, se conoce como Disfunción Eréctil. (DE)

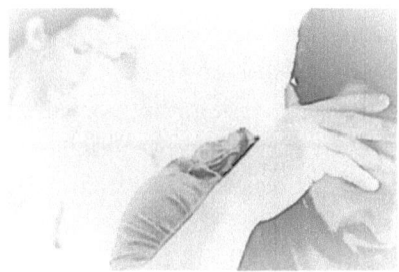

Puede ser transitorio o permanente, y es más frecuente en la edad adulta avanzada.

Para que ocurra la erección, varios factores deben funcionar adecuadamente y en coordinación. Entre estos factores tenemos:

▶ El aspecto psicológico: Es el más importante. Por ejemplo, los sentimientos de rechazo, ansiedad y depresión pueden prevenir una erección.

▶ El sistema nervioso: Es el que regula la sensación, contracción y relajación de músculos y vasos sanguíneos. Disfunción de este sistema, como en la Diabetes Mellitus, puede causar disfunción eréctil.

► El sistema circulatorio: Distribuye la sangre por todo el cuerpo. En la erección el pene se llena de sangre. Con mala circulación la erección no es buena.

► El sistema hormonal: El nivel de la Testosterona, que se produce principalmente en los testículos, influye en el deseo y la potencia sexual. Cuando este sistema falla, la función sexual disminuye. Un simple análisis de sangre puede dar el nivel de testosterona.

Lo siguiente pueden ayudarnos a identificar la causa probable de la disfunción eréctil:

- La existencia de enfermedades concomitantes como Diabetes, Hipertensión arterial, Hiperlipidemia, etc. Sugieren un problema del sistema nervioso o vascular.
- Existen múltiples medicamentos que, como efecto secundario, pueden producir disfunción eréctil.
- Cuando hay erección al despertar por la mañana, pero no antes del sexo puede ser de origen psicológico.

Con la ayuda de su médico, procedan a identificar la causa de la disfunción eréctil. Existen múltiples métodos para tratar la disfunción eréctil: Tabletas orales que aumenten el flujo sanguíneo hacia el pene para ayudar a la erección. (Como: Sildenafil, Tadafil). Medicamentos inyectables, y otros que se insertan en el pene. Incluso cirugía e implantes, según sea el caso.

Cuando la impotencia sexual no es transitoria, es recomendable consultar con su médico para recibir el tratamiento adecuado. Puede ser necesario buscar el problema subyacente y luego proceder a tratarlo.

EYACULACIÓN PREMATURA (EP):

Ocurre cuando el orgasmo masculino y la emisión de semen ocurren justo antes o poco después del inicio de las relaciones sexuales; antes de lo que él o su pareja preferirían.

La eyaculación precoz afecta a ambos: el hombre disfruta muy brevemente y la mujer menos, cuando apenas empezaba a sentirse estimulada "el espectáculo se acabó."

Esta condición puede ser causada por varios factores, especialmente la ansiedad.

Con frecuencia puede ser una combinación de DE y EP. Sin darse cuenta, el varón termina rápidamente anticipando que la erección bajará antes de eyacular. Hay tratamiento que pueden ayudar, consulte con su médico.

Algunos consejos útiles para "durar más":

→ Apenas el hombre comience con la inminente sensación del deseo de eyacular, podrá interrumpir la estimulación sexual, evitar el frote, distraer la mente con algo no sexual, interrumpir la penetración y presionar la cabeza del pene o el perineo (lugar entre el ano y la base del pene) por un momento para luego reanudar la actividad sexual.

→ Como ejercicio, ya sea solo o con la ayuda de su pareja, puede masturbarse hasta conseguir una erección, luego interrumpir la fricción cada vez que esté cerca de la eyaculación. Repita esta maniobra tantas veces como pueda.

→ OTC St. John's Wort pudiera ayudar.

→ También existen medicamentos que su médico puede recetar.

ANORGASMIA:

Se refiere a la dificultad, y en ocasiones a la imposibilidad, de poder llegar al orgasmo, y puede deberse a múltiples causas. El orgasmo es una reacción compleja a varios factores físicos, emocionales y psicológicos. Problemas en cualquiera de estas áreas pueden afectar o prevenir el orgasmo.

<u>Causas físicas</u>:

→ **Enfermedades crónicas**, la depresión, la esclerosis múltiple y la enfermedad de Parkinson, a menudo se asocian con dificultades para alcanzar un orgasmo.

→ **Problemas ginecológicos**: las infecciones pueden estar asociadas a relaciones sexuales dolorosas. Las cirugías ginecológicas, como la histerectomía o las cirugías de cáncer, pueden afectar el orgasmo.

→ Muchos **medicamentos** de venta libre y recetados pueden afectar negativamente el orgasmo, incluidos para la presión arterial, los antipsicóticos, los antihistamínicos y algunos antidepresivos.

→ **Alcohol y tabaquismo**: Demasiado alcohol puede obstaculizar su capacidad para alcanzar el clímax. Fumar puede limitar el flujo sanguíneo a sus órganos sexuales.

→ **Envejecimiento**: Cambios en su anatomía, hormonas, sistema neurológico y sistema circulatorio pueden afectar su sexualidad. La reducción de los niveles de estrógeno a medida que las mujeres pasan a la menopausia y los síntomas de la menopausia, como los sudores nocturnos y los cambios de humor, pueden tener un impacto en la sexualidad.

Causas psicológicas:

Muchos factores psicológicos pueden influir en su capacidad para alcanzar el orgasmo, incluidos: problemas de salud mental, como ansiedad o baja autoestima, mala imagen corporal, estrés y presiones financieras, creencias culturales y religiosas, timidez, culpa por disfrutar del sexo, antecedente pasado abuso sexual o emocional.

Problemas de la relación:

Los problemas no sexuales pueden afectar la relación sexual. Los problemas pueden incluir: falta de conexión con su pareja, conflictos no resueltos, mala comunicación de las necesidades y preferencias sexuales, infidelidad o abuso de confianza, violencia, falta de respeto, etc.

La educación sexual puede ser útil, mejorando las relaciones interpersonales con su pareja. Otras medidas, dependiendo del caso, podrían incluir: Reemplazo hormonal administrado por su médico (según el caso en particular), aplicación local en el clítoris de cremas que faciliten el flujo sanguíneo (Viacreme), el uso de Eros Therapy (dispositivo recetado que succiona el clítoris), etc. Consulte con su terapeuta sexual.

VAGINISMO:

La contracción espasmódica involuntaria de los músculos a la entrada de la vagina se conoce como vaginismo. Esta condición puede interferir e incluso prevenir la penetración del pene en la vagina. La causa principal es psicológica.

DISPAREUNIA:

El dolor durante las relaciones sexuales a menudo se debe a causas físicas como infecciones vaginales, falta de lubricación adecuada, relaciones sexuales bruscas, traumatismos locales u otras afecciones. A veces pueden deberse a condiciones psicológicas o sentimientos negativos hacia una pareja.

El hombre también puede sufrir esta condición. (dolor durante el acto sexual)

Si padece esta afección debe consultar con su médico.

Sugerencias Sobre Lo Qué Puede Gustarle A Él O A Ella

La diferencia entre mujeres y hombres es evidente en muchos aspectos. Para empezar, el desarrollo de sus órganos sexuales es diferente. Los genitales masculinos son externos y de fácil acceso, mientras que los genitales femeninos están "más ocultos." Los hombres aprenden fácilmente que el tacto conduce a sensaciones agradables, el estímulo visual también es más marcado en los hombres. En las mujeres, el factor emocional y la imaginación juegan un papel más importante en su capacidad para disfrutar de la intimidad.

La siguiente presentación se basa en una encuesta informal a parejas de diferentes edades y niveles educativos, quienes mencionaron sus gustos y antojos sexuales.

Este capítulo puede servir para reforzar lo que la pareja ya está practicando o para descubrir algunas sugerencias que pueden apli car en su vida sexual intima.

Cabe señalar que la información que se presenta a continuación, resultado de la contribución de muchas parejas, debe verse simplemente como una lista de sugerencias que pueden o no aplicarse a su situación.

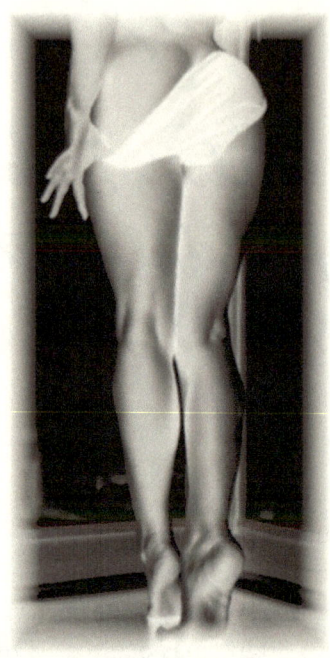

LO QUE ALGUNAS MUJERES DIJERON LES GUSTARÍA:
- ▶ Que me sorprenda con un masaje a la luz de una vela aromática, y con música suave.
- ▶ Que me compre ropa interior "sexy" que él mismo eligió.
- ▶ Que note cuando cambio de apariencia, y lo apruebe con gusto.
- ▶ Que me regale perfumes con un aroma agradable para él.
- ▶ Que me envíe flores sin motivo especial, con un mensaje sugerente, y me haga sentir que está pensando siempre en mí.
- ▶ Que con anticipación me llame para decirme que no cocine porque saldremos a comer, o que el preparará la cena en casa.

▶ Que frecuentemente me diga cosas bonitas sobre lo que le gusta de mí, cumplidos como lo suave que es mi piel, la mirada dulce y tierna que tengo, el color de mis ojos, etc.

▶ Que procure más espacio para la espontaneidad.

▶ Que pronuncie palabras dulces, cariñosas, y haga ruidos sutiles de placer durante nuestra intimidad sexual.

▶ Que demuestre su interés en pasar tiempo conmigo y hacer lo que ambos gustemos.

▶ Que sienta que "dar placer a su pareja es también placer para uno mismo."

▶ Que sea más considerado y preste más atención a los detalles.

▶ Que sigue haciéndome sentir "protegida" en sus brazos y en su presencia.

▶ Que me haga sentir que puedo contar con él.

▶ Que tenga en cuenta mis opiniones y me haga participar también de las cosas importantes que suceden en su vida.

▶ Que me haga sentir "mimada."

▶ Que tenga muestras de afecto no solo en privado, sino en todos los lugares y sin importar quién esté presente.

▶ Que tenga buena higiene, buen aliento y use perfumes con aroma varonil.

▶ Que no traiga problemas laborales a casa y que se mantenga de buen humor.

DE CONNOTACIÓN SEXUAL Algunas mujeres dijeron: "Me gustaría…"

- Que me siga besando apasionadamente como al principio.
- Que comparta lo que le gusta que le haga, las partes de su cuerpo que le gusta que lo bese, la forma en que le gusta que lo haga, para que sepa y pueda complacerlo mejor.
- Que, cuando hacemos el amor, me tome con firmeza para sentir que le pertenezco.
- Que me dé sexo oral.
- Que me chupe por encima y alrededor de mi clítoris, simultáneamente juegue con la punta de su lengua en la punta del clítoris.
- Que lama con su lengua, de abajo hacia arriba, repetidamente, en mi vulva, y de vez en cuando, inserte su lengua en mi vagina.
- Que sea suave, delicado y tierno al inicio de sus caricias dirigidas a todo mi cuerpo.
- Que me toque suavemente la cabeza y la nuca, mientras le hago sexo oral.
- Que sea travieso y juguetón y me toque en mis áreas "privadas" en lugares públicos, pero sin que na die más se dé cuenta.
- Que él me tome con fuerza en sus brazos, lleno de pasión, para que yo pueda "abandonarme", y sentirme a su merced.
- Que cuando estamos haciendo el amor, mirándonos de frente, me gusta que él, con sus manos, presione firmemente mis nalgas contra su cuerpo.
- Me gusta que él tome la iniciativa y yo siga al ritmo que él nos lleva.
- Me gusta ponerme en posición de gateo y que me penetre por detrás.
- Me gusta que cuando estoy boca abajo, y él encima de mí, penetrándome por detrás, coloque su mano hacia adelante, ejerciendo presión sobre mi vulva.

- Me gustaría que se sintiera libre de tomarme como él quiera, cuando él quiera, y que yo haga lo mismo con el.
- Me gusta que me bese y me chupe suavemente el cuello al mismo tiempo que me penetra por detrás.
- Me gusta eso, al mismo tiempo que me masajea la espalda, inserta su pene en mi vagina y se mueva rítmicamente.

LO QUE LES GUSTA A LOS HOMBRES:
Muchos dijeron: Me gustaría…"

► Que ella coqueteara conmigo a menudo.

► Que se vista y se ponga sexy para mí.

► Que ella me tenga presente en su mente y corazón todo el tiempo.

► Que cuide bien su higiene personal y, tenga un agradable aroma femenino.

► Que me espere con los brazos abiertos, una sonrisa dulce y sincera, muchos besos y la comida lista, cuando vuelva dcl trabajo.

► Que, sin que se lo pidan, prepare las cosas que me gustan.

► Que los niños estén bien cuidados, la casa en orden y la ropa limpia y ordenada.

► Que tenga una actitud formal y recatada con todos, pero que conmigo se "destape" y se pone aventurera y audaz.

► Que me demuestre que aprecia lo que hago por la familia y que me diga que está orgullosa de mí.

► Que ella no se enfade si le hago notar un error, o algo que gustaría que cambie, sino al contrario, que se interese por lo que le dije y lo corrija sonrientemente.

► Que no me insulte ni se exprese de manera grosera o despectiva hacia mí.

► Que ella, por iniciativa propia, me sorprenda con un masaje.

► Que nunca, de manera negativa, me comparare con otros, peor aún con sus "ex."

► Que no me falte al respeto, especialmente, en público.

► Que ella deje de criticarme y discutir.

► Que ella no esté celosa, peor aun cuando es producto de su imaginación.

► Que me acaricie, abrace y bese con la mayor frecuencia posible.

► Que sepa valorar lo que recibe y dejar de querer todo lo que los demás tienen.

► Que sea considerada en sus gastos y viva según nuestra realidad económica.

► Que mantenga en privado nuestra vida íntima solo entre los dos.

► Que no se deje influenciar por las opiniones de sus amigas y que tenga su propia opinión y valores propios.

De Connotación Sexual:

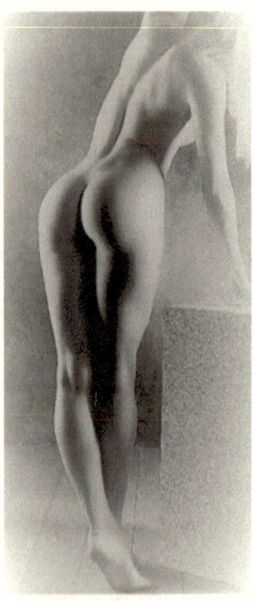

• Me gustaría que ella, por iniciativa propia, se vistiera sexy y me provocara.

- Me gustaría que ella tuviera frecuentemente una actitud seductora dirigida solo hacia mí.
- Que, al menos, de vez en cuando, me sorprendería y tomaría la iniciativa en nuestro "nido de amor."
- Me gustaría escucharla jadear de placer, así como sentirla contorsionar su cuerpo, entre mis brazos, llena de alegría y placer. Que, durante nuestra intimidad, en voz alta, se permita manifestar sus emociones.
- Que frecuentemente me dé sexo oral.
- Me gusta ver que ella prepara, con anticipación, nuestra velada de amor, vistiéndose con ropa íntima sexy, así como decorando nuestro dormitorio para la ocasión.
- Me gustaría que ella se pusiera juguetona y me "atacara" con caricias y besos.
- Me gustaría recibir masajes frecuentes y luego continuar con la intimidad sexual.
- Me gustaría que ella no interrumpa mis avances sexuales, al contrario, que los participe y disfrute activamente.
- Que cuando yo esté cansado, ella me masturbe y me dé sexo oral hasta el clímax.
- Me gustaría que ella, de vez en cuando, me estimulara en mi punto G (La Próstata).
- Me gusta que ella introduzca mi pene en su boca lo más profundamente posible.
- Me gustaría que ella, al mismo tiempo que me chupa el pene, frote su lengua contra él.
- Me gustaría que sea dócil, y complaciente.
- Que ponga libre la imaginación para buscar complacernos mutuamente.
- Me gustaría que no se quedara rígida, inmóvil como un mueble, y que participara activamente cuando hacemos el amor.
- Me gustaría que, si alguna vez termino antes, que ella no se queje.

- Me gustaría que no se escandalizara ni se ofendiera a la hora de sugerir y hacer todos los placeres imaginables en nuestra intimidad.
- Me gustaría que, al menos de vez en cuando, ella me pidiera que hagamos el amor y me hiciera saber que me quiere.
- Me gustaría que se ponga juguetona y se divierta con cualquier nueva experimentación que hagamos en la cama.
- Me gusta que juegue con su lengua en mi cuello, mi espalda, y entre mis piernas.
- Me gusta que me chupe todos los dedos.
- Me gustaría que me hiciera el amor en todos los lugares posibles.
- Me gustaría que me masajeara, no solo con sus manos, sino también con sus piernas, glúteos, pechos y que deslizara su cabello por todo mi cuerpo.
- Me gustaría que me mostrara con acciones lo que me dice con palabras, amándome apasionadamente y dándome placer con frecuencia.
- Me gustaría que ella sintiera y me mostrara que "hacer el amor" es una manifestación del amor, y que ella espera que hagamos el amor, todos los días y a cada momento posible.

Comentarios Finales

Se establece claramente la gran importancia de la sexualidad para el ser humano. Asimismo, queda claramente establecido que, para poder dar armonía a la relación, es indispensable la participación activa y positiva de ambos en la pareja. Es como una calle de dos vías; **"Dar y Recibir."**

Es fundamental que ambos aporten una actitud positiva y proactiva a la relación. Pónganle leña al fuego de la pasión, tengan una convicción sin prejuicios, una dedicación desinhibida, sean perseverantes, aporten atención, fuerza y mucho amor.

El rechazo mata el deseo, la pasión y puede destruir la relación. Del mismo modo, el sexo o la falta de él nunca debe usarse como arma de venganza.

La comunicación eficaz tiene un papel sumamente importante e indispensable. Mientras haya buena comunicación, habrá esperanza. Cuando falte la comunicación será, no solo difícil, sino poco probable que la pareja siga unida.

El hombre valora especialmente que su pareja le demuestre que lo respeta, lo aprecia y lo quiere con pasión. Para reiterar, tenga en cuenta que, para los hombres, el APRECIO, el RESPETO y el DESEO son especialmente importantes.

Por otro lado, las mujeres valoran especialmente que su pareja le demuestre que la ama, la protege y la admira.

Para ella la ADMIRACIÓN, la PROTECCIÓN y el ROMANTICISMO con amor son de suma importancia.

Cuando se den estas condiciones, habrá una base sólida y, en un ambiente de mutua confianza, ambos podrán entregarse para "Hacer el amor con amor."

Este libro ha sido escrito para la pareja, y da por hecho que, si ambos están juntos como pareja, es porque hubo ese día en que se conquistaron mutuamente y se entregaron con amor.

La mayoría de las relaciones cuando comienzan tienen fuego, pasión, galantería, ternura, misterio y frecuentes manifestaciones de amor. Para preservar todas estas cosas hermosas y crecer aún más en su amor, ambos deben continuar conquistándose el uno al otro continuamente.

"En la relación,
cada uno es responsable de su propia satisfacción
sexual, su propia estabilidad emocional,
y sobre todo, cada uno es responsable
de su mitad en la relación."

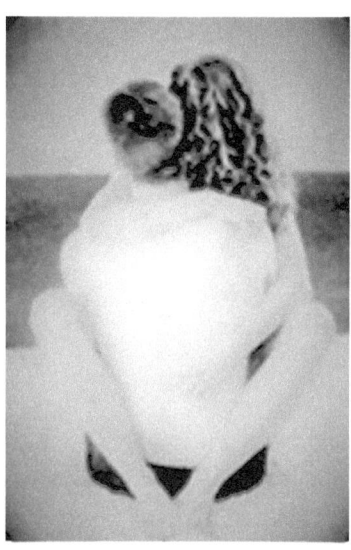

En las relaciones humanas, cuando se trata de la intimidad, no existe una "fórmula" o "receta" que funcione para todos. Cada ser humano es una entidad única e individual (un ser con existencia distinta e independiente).

Por tanto, este libro debe tomarse solo como un aporte de información útil lleno de sugerencias para ayudar a   la pareja. Al final, cada pareja verá qué funciona para ellos.

Este libro no está destinado a diagnosticar ni tratar ninguna afección. No pretende sustituir la intervención de atención médica, ni la visita a un terapeuta sexual (si fuese necesario), solo pretende ser una guía útil sobre conceptos en sexualidad para la pareja.

En la vida no hay garantías, y la gente solo puede hacer todo lo posible para que las cosas salgan bien… sigan adelante, alimenten su amor con mucho entusiasmo y dedicación.

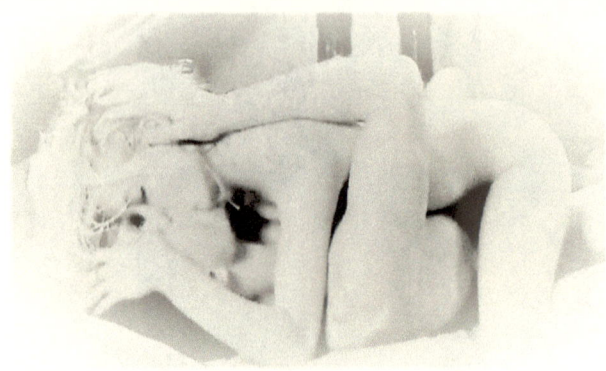

Especialmente sigan haciendo cosas buenas el uno para el otro, como cuando comenzaron la relación y se conquistaron el uno al otro. Sean felices y disfruten plenamente de su amor con fuego y pasión.

—El autor.

Sobre El Autor

Leonnardo Andre (Seudónimo) es Doctor en Medicina, con más de 30 años de experiencia, actualmente trabajando en la práctica privada. El cree que un ser humano es una entidad integral: Mente, cuerpo y espíritu.

"Los pacientes buscan el alivio de sus enfermedades físicas, pero especialmente buscan satisfacer sus necesidades emocionales, buscan recibir el reconocimiento de aquellas personas que son importantes en su vida, especialmente de su pareja."

Después de unos años en la práctica médica, vi la necesidad de ofrecer a mis pacientes una fuente de información confiable que pudiera ayudarlos en sus relaciones personales. Una guía fácil de comprender que podría ayudar a desarrollar un mejor entendimiento en la pareja y que abriera las puertas a la sexualidad plena en sus vidas.

Para mi sorpresa, no pude encontrar un libro que abordara la sexualidad de una manera más completa. Buscaba un libro con un lenguaje sencillo que contuviera información correcta, con base científica, y especialmente que le diera al "amor" la importancia como motor principal para promover y dar valor a la sexualidad en sus vidas.